セイジカ新世代
母子家庭・貧困育ちの元不良少年が国会議員になって新しい政界を創る話

中谷一馬

GENTOSHA

はじめに　「皆様は人生をどのように生きたいと考えていますか?」

拙著をお手にとっていただき、ありがとうございます。

本書では、私が中卒で社会に出て、なぜ政治家になろうと思ったのか、また政治家になって体感したリアルな政治の世界はどんなものであったのか、できるだけ客観的に、そしてかなりディープな内容を赤裸々に書かせていただきました。

正直「このエピソードを書こうかどうか」と相当悩んだものもあり、何十年後かにこの本を読み返して、「なんでこんなこと書いたんだろうな」と反省することもあるかもしれません。

ただ決意として、この国の政治をより良く発展させていくためにも、私が体感した政界を備忘録として残すことに意味があると考え、執筆しました。ご笑覧いただければ幸いです。

私は幼い頃に、「貧困」と「暴力」が身近にある環境で生活を送っていました。

10歳の時に両親が離婚。私は母と祖母、4歳と1歳の2人の妹とともに5人で暮らすようになりました。

母は早朝から深夜まで働いてくれましたが、働いても働いても生活は厳しくなるばかりでした。

日本のひとり親家庭のお母さん達は、81・8％が働いているにもかかわらず、平均年収は約200万円に過ぎません。そして、ひとり親世帯の相対的貧困率は50・8％に達します。

これは本人の努力が足りないのではなく、多数のひとり親家庭のお父さん、お母さんが必死に働いてもワーキングプア（働いているのに報われない低所得者）、貧困状態に陥るという社会的な構造に欠陥があることの証拠です。

そして私達も例外ではなく、貧しさは厳しくなるばかりで、働き続けた母はある時期に身体を壊し、寝込むようになり、生活保護を受けることとなりました。

その時、子どもだった私は、ただ無力で、そのことに悔しさを感じながらも、母の代わりに働きに出て家計を支える力はありませんでした。

その後、私自身も家計を助けるために中卒で働き始めましたが、なかなかうまくいかず、道を逸れ、挫折をした時期もありました。将来に夢を持てず、同じような環境で悩んでいた仲間と集うようになりました。

青年期の私を表す言葉としては、「貧困ヤンキー」という表現が適当かと思います。

多くの方にとってあまり馴染みのない言葉だと思いますが、これは貧困が原因で既存のレールから外れてしまった若者達を指しています。

私の周囲には、このように貧困が原因で道を逸れ、教育を十分に受けられず、低学力・低学歴になった結果、就労状況が不安定になり、生きていくためのお金を稼ぐことが困難となった若者が多数いました。生きていけないからこそ、現状に反発し、行きすぎた反発が犯罪などに繋がり、社会の基本的なレールから排除されます。そんな負の連鎖が繰り返された末、格差が固定化し、若者達が大人になった時にまた経済的貧困に陥る、という世代間連鎖は大きな社会問題の一つです。

結果として人種差別のように、何かを排除する論理で政策を前に進めてしまったり、こうした問題に無関心で放置してしまったりすると、不満がどこかで必ず爆発します。

私自身もヤンチャ坊主の仲間達とグループを形成し、代表格に押し上げられるなど、いわゆる〝落ちこぼれ〟で、政治の世界とは無縁の人間でした。「その日が良ければそれでいい」という刹那的な生活を続けていました。

その頃の私は、社会の底辺で世の中の矛盾を感じる中、「何を言っても世の中は変わらないし、何も期待をしていない」そんな漠然とした諦めと寂寥《せきりょう》感が入り混じったような感情を持ち、社会に対する不満を口にしていました。

そんな頃、私は一枚の絵画に出会いました。

フランスの画家であるポール・ゴーギャンの《我々はどこから来たのか 我々は何者か 我々はどこへ行くのか》というタイトルが付けられた作品です。

それを見た時に、「私はなんのために生まれてきて、この一時代で何を成して、どう死んでいくのだろう」そんなことを漠然と考えました。

世の中に矛盾を感じる場面が環境的に多かったこともあり、不満をぶちまけていましたが、ある時期に気づくんです。「不平不満を口にしていても何も変わらない」って。

あいつが悪い。こいつが悪い。世の中が悪い。政治が悪い。こんな言葉はどこでも並ぶけど、言っていても生活はちっとも良くならないし、世の中は何も変わらない。

そんな想いは日に日に強くなり、それまでの自分がなんだかカッコ悪いと思うようになりました。

そして、「たった一度の人生ならば、世のため、人のために役立つ人間でありたい」そんな気持ちを強く持つようになりました。さらに、そうであれば、「自分達の生きる時代だからこそ、自分達の手で世の中を変えなきゃいけないんじゃないか」とシンプルに考えたのです。

そして「政治家になろう」と心に決め、政治の道を志しました。

しかし当時、周囲の友人や先輩からは、「中卒のおまえが政治家になんてなれるわけがないだろう。バカじゃないのか」というようなことを言われ続けました。

たしかに私のような経歴の人間が政治家を目指すのは、おこがましいことだったかもしれません。ただそれでも、私は諦められませんでした。

「現状に屈するのか、未来を拓くのか。すべては、自分自身の行動が未来を決める」

そう自分に言い聞かせ、一念発起して通信制の高校、専門学校、大学に進学し、政治家を目指しました。

その経緯は本書で詳しく紹介しますが、結果的に東証一部に上場した企業の創業に役員として参画し、総理大臣の秘書を務めた後、27歳で県政史上最年少の神奈川県議会議員に、34歳で衆議院議員になりました。

親が議員だったとか、強力なバックアップがあったとか、コネのようなものがあったわけではありません。たくさん失敗もしましたし、死ぬほど痛い目に遭いながらも今があります。振り返っても奇跡の連続だったと思います。

決まったレールに沿わず、道なき道を走り抜くことは非常に大変でしたが、「大切なのは成果が出るまでやり続けること」だと自分に言い聞かせて、諦めずに毎日努力をし続けた結果、現在の自分があるのです。

そして私は、こうした原体験から、世の中の「貧困」と「暴力」を根絶したいと考えています。

「平和」で「豊かな」社会がいつまでも続く世の中を創りたい。端的に言えば、「世界平和」の実現を人生の目標にしている政治家です。

ただ、こうした話をしていると、「一馬くん、随分大きなことを言っているけれど、そんなの無理に決まっているじゃないか」とおっしゃる方がいます。

自分でも大きなことを言っているのは、重々承知しています。

しかし、政治家が前を向いて夢を語らずに、いったい皆様に何を伝えるのでしょうか。

今の世の中に必要なのは、「頑張れば明日はもっと良くできる。未来はきっとより良くなる」と一人ひとりが希望を持てる、そんな展望を打ち出し、その目標に向かって着実に歩みを進めることです。

だからこそ、無理なんじゃなくて、「どうやったらできるかな」ということを考え、その一歩を踏み出すことが道を拓くと確信を持っています。

私が政界に入って実感したのは、「何を言っても変わらない」のではなく、「何も言わないから変わらない」という現実でした。

私達は、政治に「無関心」でいることはできても、「無関係」でいることはできない。生活のすべてに政治は密接に関わります。

こうした政治を目の当たりにして、誰かがどうにかしてくれる時代は終わったのだと痛感しました。

政治は人に任せていても、何も動いていかない。

そして当然ですが、国会議員になっても一人では世の中を変えることはできません。

だからこそ私は、国民の皆様に今の政治の実態を伝え、皆様とともに手を動かし、足を運ぶことで今の政治を変えていきたいと考え、この本を書かせていただきました。


私は、平安時代に天台宗を開いた最澄が述べたとされている「一隅《いちぐう》を照らす」という言葉がとても好きです。

私達一人ひとりが世の中の問題点に対して、自分の見える範囲のことをできる限り改善していけば、世の中はきっとより良くなる。仮に、この世に生きるすべての人が、ステージに応じた社会の問題点を真剣に考え、それを解決するために全力でアプローチできる社会を創ることができれば、「世界平和」という目標も必ず実現できると確信しています。

理想の社会を創るために、世の中をより良く変えるためには、一人ひとりの力が必要です。

「たった一度の人生において生まれ方は選べない。でも生き方と後世に繋ぐものは私達自身で選ぶことができる」

私達世代が社会の中心で活動する時代は、他のどの時代よりも〝理想〟に近い社会を実現すべく、皆様とともに日本から世界を変え、世界から未来を変えていきたいと考えています。そんな想いに最後までお付き合いいただければ幸甚です。

また、この想いを共有してくださる方は、ぜひ一緒により良い未来を創っていきましょう。ともに変えていきましょう。

本書を通じて、一人でも多くの人にそうした想いを持っていただき、何かを変えるための行動を起こすきっかけになれば、著者としてこれほど嬉しいことはありません。

中谷一馬

セイジカ新世代　目次

第2章 県政史上最年少の神奈川県議会議員

第3章 国政を目指す

第4章 衆議院議員として日本を立て直す

カバーデザイン　萩原弦一郎（256）
カバー表1撮影　堅田ひとみ
本文デザイン・DTP　美創

第1章

貧困ヤンキー、政治家を志す

両親が離婚。貧しい母子家庭で育った

「生きていくのに必死だった」

幼少期を振り返るとこの一言に尽きる、そんな生活を送っていました。

私は、貧しい母子家庭で育ちました。10歳の時に両親が離婚したからです。

原因は、父の無鉄砲な生活行動や暴力だったと記憶しています。

当時3歳の私が血まみれの母の前に両手を広げて立ちはだかり「もう止めてぇ！　お母さんを叩かないで！」と泣き叫んでいる記憶は、いまだに鮮明に脳裏に焼き付いています。

父の暴力からなんとか母を守りたい。幼いながらに、そんな気持ちでいっぱいでした。

父は外でも始終ケンカばかりしていました。家に帰れば夫婦ゲンカになって、母を怒鳴り、殴る。そんな日々が続きました。彼が母に行った行為は決して許されることではありませんが、今となって振り返れば、父は愛情表現が下手で不器用な人だったのだと感じます。しかし、当時の幼い私にとっては、これ以上の恐怖を味わったことがないくらい怖い人でした。時折見せる優しさに、心から安堵することもありましたが……。そんな父でも実の親ですから恨みはありません。ただ彼がもっとしっかりしていれば、母や祖母の人生はもう少し楽になったと思い

ます。

当時、朝から晩まで働いていた母の代わりに、家で私達を育ててくれたのは祖母でした。すでに他界しましたが、今でも心から感謝しています。私も幼かったですし、2人の妹はまだ小さい。祖母がご飯を作り、面倒を見てくれました。私も妹達にミルクをあげたり、遊び相手になったり、精一杯手伝いをしました。

祖母と子ども3人の家族を養っていく母の苦労は、並大抵ではありませんでした。

昼はパートに出て、夜は飲食

母と幼少期の私

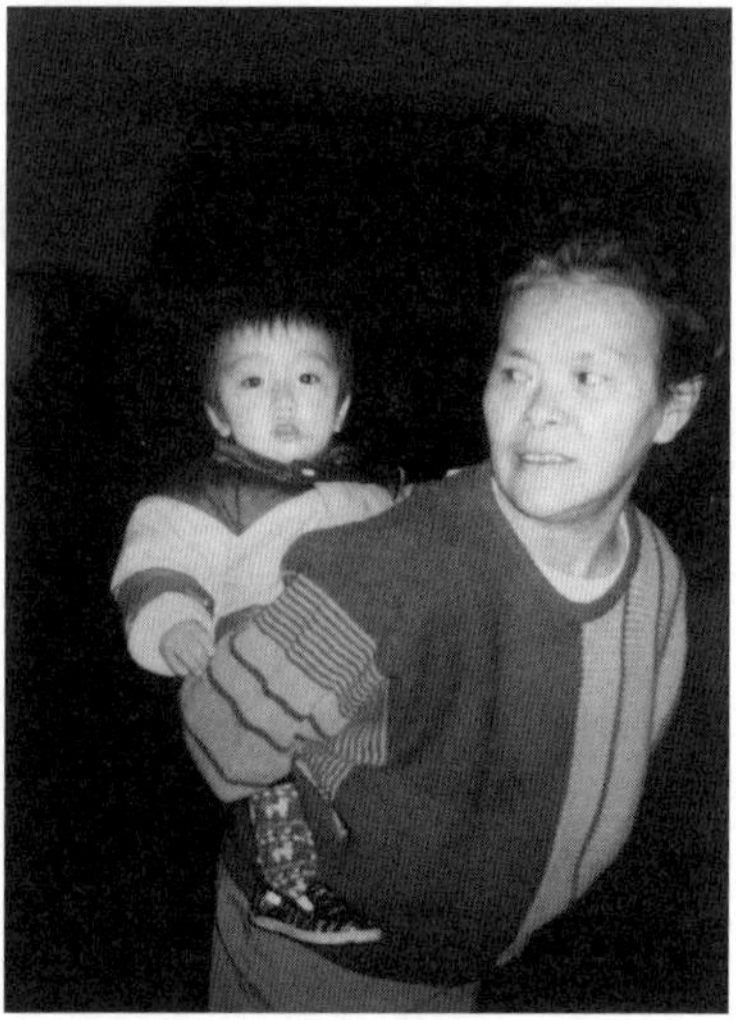

家族を献身的に支えてくれた祖母

業や水商売の勤めに出たりしていました。小さな居酒屋を営んだこともあります。それでも貧しさから抜け出すことはできませんでした。そして無理をして働き詰めに働いた結果、ある時期に身体を壊し、寝込むようになりました。その時には、生活保護を受給しなければならないほど生活は困窮しました。

当時住んでいた長屋では、六畳一間に、祖母と母と私、妹2人が川の字になって寝ていたことを思い出します。トイレはお決まりのボットン便所。ちゃんとご飯は食べていたけれど、同世代の友人のように、習い事をするなどという余裕はまるでない時期もありました。

多少のことには動じない胆力がついたのは、こうした幼少期の経験が基礎になっている気がします。今となって考えれば、この時の環境・境遇のおかげだったとプラスに捉えることもできますが、母はとても苦労したと思います。

住まいも転々としました。埼玉、東京、大阪、神奈川と移り、私は2つの幼稚園、4つの小学校、2つの中学に通うことになりました。

「居酒屋は、結構うまくいっていたのよ……」後に母が気丈に話してくれたことがあります。しかし、父との関係を含め、生活が安定していたはずはありません。だからこそ私達は、親族や母の友人を頼って、各地を転々とせねばならなかったのです。それくらいのことは、子どもの私にもわかっていました。

大阪の小学校で激しい洗礼を受ける

人が新しい環境に飛び込む時には、少しばかりの緊張を強いられます。年齢は関係ありません。大人の社会でも子どもの社会でも同じです。むしろ、子どもの世界の方が厳しいと言えるかもしれません。子どもはストレートな分、残酷でもあるのです。

私は、転校をするたびにそんな試練を受けました。

なかでも、小学5年で東京から大阪へ移った時が一番キツかったと思います。大阪弁をしゃべらない異邦人である私は、「東京弁めっちゃキモい」とからかわれ、すぐに村八分状態になりました。ジャイアンとスネ夫のようないじめっ子がいて、その子との関係が良くなれば解決するというものではなく、その郷土の文化に順応しなければ生きていけない、そんな環境でした。阪神タイガースや近鉄バファローズファンでないという理由でいびられ、音楽室のカーテンで簀巻《すまき》にされて2階から投げ落とされたり、全校集会のど真ん中で服を全部脱がされて素っ裸にされた挙句、ライターで毛を燃やされたこともありました。それでも誰からのフォローの声もかかりません。からかいやいびりは日に日にエスカレートし、逃げ場はありませんでした。

通知表の評価でも明朗快活だけが取り柄だった私から明るさは消え、学校から逃げ出したくなり、不登校気味になった時期もありました。

子ども社会の小さなコミュニティの中で、生死の危機を感じながら生き残っていかなければならなかった当時の環境は、結果として私を強くしました。

幼いながらに、みんなが自分に求めている役割やポジションも察知できるようになりました。それは小さな知恵であり、新たな環境に順応し、融和していくためのサバイバル術でした。ポジティブに捉えるなら、転校を繰り返す中で、私のコミュニケーション能力や環境適応能力、順応性が培われていったと思います。

また、暴行・傷害などの犯罪発生率の高い地域であったこともあり、街を歩けば年上の中学生からボコボコにされてカツアゲされ、お金を持っていないとさらに殴られる。こんなことが日常茶飯事で、「強くなりたい」という願望が日に日に高まっていきました。暴力やいじめなどを体験する中で、大切な人を守るためにも、苦難を乗り越えるためにも、力が必要。その現実を重く受け止め、中学生の時には、空手とテコンドーを少しかじり、柔道は後に有段者となりました。

こうして、私は厳しい大阪での生活をなんとか乗り越えたのです。

中卒で社会に出るも、挫折の日々

大阪で手荒い洗礼を受けて、中2の時、神奈川に戻ってきました。以前よりはだいぶたくましくなっていたと思います。少々荒っぽい大阪の土地柄と比べれば、周りの子ども達もなんだか真面目そうで優しそうな人達に見えました。そして大阪に行った時とは正反対で、大阪弁を話しているだけなのに、おもしろそうな奴だとみんなが話しかけてくれました。

ただ、生活の方は一向に楽になりません。この頃、母は身体を壊し、働くことが困難になっていました。私は「母の代わりに自分が家族を支えていかなきゃいけない」と思い、中学生でもできる仕事を探しました。

ない知恵を絞って見つけてきたのが、芸能プロダクションの仕事でした。お金をもらいながら、テレビに出られたらカッコいいだろうなぁと浅はかな気持ちで飛び込んだのがきっかけです。芸能プロダクションに在籍して活動を始めてみると、少しずつですが仕事が来るようになり、ドラマやCMなどに出演すると1回数万円から数十万円のお金をいただくことができました。

「これなら自分は芸能界で食べていけるだろう」そんな安易な考えも芽生え始めました。とん

芸能プロダクションに所属し、ヤンチャ坊主だった10代

でもない勘違いです。

こうして私は、中学にもろくに行かなくなり、歌やダンスの稽古に没頭するようになりました。1999年当時、95・8%の人が高校に進学する中で、私は中学卒業後、高校へは進学せず、すぐに社会へ働きに出たのです。

しかし、当然のことながら挫折は早々にやってきました。

テレビドラマ『はぐれ刑事純情派』に少年犯人役で出演させてもらい、刑事役の藤田まことさんに捕まったりしていた頃のことです。小さな役でしたがようやく少しずつ仕事をもらえるようになり、ドラマのレギュラーが決まっていた、そんな大切な時期でした。

ところが私はヤンチャが過ぎ、地域の不良に絡まれて大ゲンカ。顔中がボコボコに腫れ上がってしまったのです。レギュラーの話はボツになりました。あたりまえです。社会のルールをまるでわきまえていませんでした。

その後も、挫折を繰り返しました。引越業、ピザ屋・蕎麦屋のデリバリー、ガソリンスタンド、コンビニの店員……さまざまなアルバイトをしましたが、長く続いたものはほとんどなく、どれもすぐに辞めたり、クビになったりしました。

今考えると、本当に甘ったれたクソガキだったと思います。そうした中で「自分は社会で満足に食べていくこともできないのではないか?」「自分はまともに仕事なんてできないのではないか?」そんな焦りや不安を抱えていました。

ヤンチャ坊主集団のトップに立つ

仕事もうまくいかず、刹那的で無謀な日々を送っていた頃、似たような境遇にある人達が周囲に集まり始めました。

当時、ヤンキー、チーマー、ギャングなどと言われていた少年達です。

長瀬智也さんや窪塚洋介さんが出演していた『池袋ウエストゲートパーク』というドラマが

流行っていた頃のことです。

そのうちに集まった仲間で、自然にグループを形成しました。といっても、何をするわけでもなく、なんとなくみんなが集まって、ゲームセンターに行って遊んで朝帰る、そんな日々の繰り返しです。

それでも日に日に仲間が増えていき、100人を超える同世代の人達が集まりました。

そして、いつしか私はトップに祭り上げられました。私が一番すごいわけでも、ケンカが強かったわけでもありません。ただ私は仲間の中心にいて、いつもお節介を焼いていたので、任されたというのが経緯です。

当時ファッション的に注目されていたこともあり、ブームに乗ってグループのリーダーだった私は何度か雑誌にも取り上げられて、その界隈では全国的に知名度のある存在となりました。それでまたみんなで盛り上がって、さらに人も増えました。今思えば、かなり冷や汗ものですが、私は同世代のヤンチャ坊主の中ではちょっとした有名人になっていったのです。

ただ、誤解のないように一つだけはっきりさせておきたいのですが、不良であれヤンキーであれ、私なりのヒーロー像がありました。当時は、不良漫画の主人公のようなヒーロー像に憧れていたんです。

『特攻《ぶっこみ》の拓』『今日から俺は!!』『湘南純愛組!』『ビー・バップ・ハイスクール』『カメレオ

ン』『クニミツの政《まつり》』……少年サンデーや少年マガジンなどに掲載されていた私達世代の不良少年漫画ですが、これらに登場する主人公達は、弱い人を助けるために強い者に立ち向かったり、悪いことをしようとする人達に寄り添い、友達として活を入れるといった、あたたかい人物像でした。

漫画に出てくる悪役のカッコ悪い不良ではなく、礼節を重んじ、人を思いやり、弱きを守る。何人にも怯えず、何事にも立ち向かう。信念を曲げず、意思を貫く。そんな粋な生き様を歩む、漫画の主人公のような仲間と理想を大切にする不良少年でありたいと思っていました。

それは自分なりの「正義」「美学」と言ってもいいものだと思います。その「正義」「美学」から外れた行動をしないように常に自分自身を律していました。

事実、私は警察のお世話になったことはありませんし、実は煙草を吸ったこともありません。そういう意味では、私はちょっと変わった不良少年だったと言えるかもしれません。

また、よく暴走族と間違われるのですが、それは系統が違います。残念ながら私達の多くは、バイクを買えるようなブルジョアな不良達とは違って、バイクを買うお金はありませんでしたから。

不良生活に見切りをつけて通信制高校に入学

また、私は不良なのに「平和主義」。争いは好みませんでした。自分からケンカを売ったことも、人に絡んだこともなく、争いはいつも絡まれて勃発しました。

私自身、反骨精神と正義感は極めて強かったので、理不尽な先輩からの命令や矛盾した押し付けには真っ向から反発していました。

ただ、時として、強い権力を笠に着た人達から不条理にも争いごとを仕掛けられ、穏便に済まさなければ仲間達にも被害が及ぶシーンがあります。そうした時は、ポケットに道具を忍ばせ、「いつでも戦えるけれど、今は我慢だ」と自分に言い聞かせ、歯を食いしばりながら頭を下げていました。

基本的に人は、自分が有利な状況にあり、自分の方が強いと思っているから争いを仕掛けてきます。

それに対処できるよう、韜光養晦《とうこうようかい》（才能を隠して力を蓄えること）にコツコツと力を蓄えていくという処世も一つの知恵ですが、そもそもケンカなどをしたくない私は、どうすれば争わずに仲間や自分を守れるかということを考えました。行き着いた結論が、「戦わずして勝つ」

ということだったのです。

参考にしたのが、中国史を題材にした漫画に出てきたある言葉。孫子の「百戦百勝は、善の善なる者に非ざるなり。戦わずして人の兵を屈するは、善の善なる者なり」という兵法です。「百回戦って、百回勝利を収めたとしても、それは最善の策とは言えない。実際に戦わずに、敵を屈服させるのが最善の策だ」というこの言葉にとても感銘を受け、実践しました。外見はできる限り、威圧感のある格好をし、集団で行動をしました。さらに「中谷は負けず嫌いだからケンカをすると勝つまで挑んでくるめんどくさい奴だ」というイメージを作り、その風評も浸透していたと思います。結果として、ほとんど争いごとはなく、日々平穏に過ごすことができました。

そして仲間達のリーダーとして自分のできる限り、人のことをとにかく大切にしようと心がけました。お金はありませんでしたが、目を配り、気を配り、心を配り、困っている人がいれば話を聞き、時間を惜しまず使って手助けをする。結果として「敵を作らず、無敵になる」こんなことを体現したいと思っていました。

しかし残念ながら、私がいたアウトローな人が集まるアンダーグラウンドな環境では、外見はジャラジャラと煌びやかになっていっても、中身がカッコ悪い。「なんだかちょっと違う」そう思い始めましたが、周囲にはそういう人間が増えていきました。

そして自分自身の理想像とは裏腹に、私が見てきた実際の不良達は、残念ながら弱い者いじめを行う連中が多い集団でした。女性に手を上げたり、弱い者がさらに弱い者をいじめてみたり——。自分より権力のある奴、強い奴には逆らいませんが、弱い者いじめは天下一品。男として最低な奴が多かったりします。もちろん、全員がそうではありませんが、基本的にはそんな人が多く、理想とは違う現実がありました。

自分のグループも大きくなるにつれて、いろんな人達が入ってきました。自分達の美学に反して、道を逸れていく仲間達を律しようと、ことあるごとに仲裁に入り、一人ひとりと向き合って語り続けましたが、末端のメンバーにまで私の想いが伝わることはありませんでした。カッコよくありたいと理想を掲げて始めたはずなのに、外見ばかりが立派になって、内面はどんどんカッコ悪くなっていく気がしたのです。

そして極めつきは、私が好意を寄せていた女性が他の年上グループに拉致された事件。返してほしかったら一人で来いと言われ、仲間達は心配して「俺達もみんなで行くよ」と声をかけてくれましたが、女性に何かあってはいけないと考え、深夜その場に単独で向かいました。

呼び出された場所に向かうと何十台ものバイクの音が轟き、金属バットや木刀などを持った集団が私を待ち構えていました。その時に発覚したのですが、なんとその女性もグルでした。

私を呼び出す口実だったのです。それでも無事でよかったと安心しましたが、とても哀しい気持ちになりました。

多勢に無勢でしたが、私は「やるなら死ぬ覚悟でやる。ここでやられても必ず全員に勝つまで追いかけ続ける」という趣旨の渾身のハッタリをかましました。

それが功を奏し、事なきを得ましたが、一歩間違えれば非常に危険な状況でした。

闘争が盛んな環境に身を置く者は、「恩も仇もしっかりと返さないと、ナメられたら生きていけない」そんな現実を突きつけられました。

そうした数々の出来事が、アウトローな世界がイヤになり、ヤンチャ時代を卒業するきっかけになりました。当時18歳。芸能生活でも限界を感じ始めた頃です。

中卒で社会に出て働き、ヤンチャ坊主で何もかも中途半端。「このままではダメだ」と思い、自分の道を転換させる方法を探し始めました。

社会の矛盾を感じやすいアンダーグラウンドな環境で育った私は、次第に「世の中を変えたい」と思うようになりました。

不平不満を言っているだけじゃ何も変わらない、自分達の手で世の中を変えないといけない。そんな想いから、漠然と「政治家」になって世の中のおかしいことを正したいと考えるようになりました。ただ、周囲にいた人達にそんなことを伝えると馬鹿にされ、「中卒で政治家になれるわけないだろう」「馬鹿じゃないのか。まず高校行けよ」という厳しい言葉が返ってきました。たしかに私のような経歴の人間が政治家を目指すなんて、当時の常識から考えればおかしなことを言っているように周囲の人は感じたのかもしれません。ただそれでも、諦めようとは思いませんでした。

「銀座の女帝になる」と言った知人の影響でバーテンダーに

一念発起した私は、通信制の横浜平沼高校に入学しました。政治家になりたいという漠然とした想いを持ちながらも、その先の展望が明確にあったわけではありません。ただ、「女手一つで私達を育ててくれた母の面倒も見られないようなドラ息子にだけはなりたくない」ということだけは強く思っていました。

そこで、まず手に職だけはつけておこうと、なんとか入学金を貯め、柔道整復師（接骨院の先生になれる国家資格）になるため、高校卒業後、呉竹鍼灸柔整専門学校に進学しました。

この頃から、仕事などまるで続かなかった私が、寝る間も惜しんで前向きに生き始めたのです。

専門学校に進学した際、授業や研修を受け、国家試験の勉強をしながら、借りた入学金の返済と卒業までにかかる授業料と生活費を確保しなければならず、平均して1日18時間、月500時間程度を学業と労働関係に費やすといった生活環境でした。

本来はこうした教育環境が学生にとって良いわけではありませんが、当時の私はがむしゃらにとにかく必死で生きていました。

私は「男に生まれたからには、カッコよくありたい」、常にそう思って生きてきました。それは人にカッコよく見られたいというよりも、自分自身に恥じぬ行動をしたいということです。

傍から見たら不思議に思われるかもしれませんが、仮に損をしたとしても自分なりに美学を追求した納得できる行動であったかということが大切でした。

しかし、真のカッコよさとはなんだろう。何が本当にカッコいいのだろうか？　そう思った時に、たとえば商売、ビジネスをやって成功するとか、政治家になって世の中の役に立つとか、いろいろな選択肢があることは認識できましたが、未熟者であった私には本質的なことはまだ理解できていませんでした。

ただ、持ち前の行動力だけは一丁前だったので、だったら「誰かに聞いてみよう」と思いました。パブロ・ピカソの「凡人は模倣（真似）し、天才は盗む」という言葉にもあるように、わからないなら社会的に評価されている「成功者」と言われる人達に聞いて、それを真似してみればいいと思ったのです。

知恵もコネもお金もない私が能力を手に入れるためには、結果を出している人達のやり方を真似るのが一番の近道だと考えたのです。でも、どうしたらそんな人達に出会えるのか、当時の私にはわかりませんでした。

今の自分に何ができるか。必死に考えた末に、私はバーテンダーになろうと決めました。中卒だった私の周りには中卒の仲間が多くいたように、プロスポーツ選手の周りにはプロスポーツ選手がいる。ということは、社会で結果を出しているすごい人達が集まりそうな土地でバーテンダーになれば、一流の人達に会えるし、話し相手になることができる。社会で結果を出している大人達にもプライベートはあるだろうし、夜の世界には遊びに来る。そんなことを考え、水商売の世界に飛び込んだのです。

バーテンダーの仕事を選んだのは、当時親しかった知人の影響が大きかったと思います。その知人はとても変わった女性で、高校を卒業するとすぐに「私、銀座の女帝になる」と言って銀座でホステスを始めました。当時は「何言っているんだろうこの人は……」と思っていましたが、仕事での体験談を聞いていると、見たことのない世界が広がっていました。「今日はお店にミハエル・シューマッハさんが来てて、この前はクリスチャン・ラッセンさんがこんな話をしてたよー」

テレビの中でしか見たことも聞いたこともないような人達が、自分の目の前にいる彼女とコミュニケーションを取っているという現実が非常に衝撃的でした。そして類は友を呼ぶという言葉の通り、環境が変わった彼女と、今まで通りの環境に身を置く私のレベルの差がどんどん広がっていくことを肌で感じました。

私も成果を出したいと思ってはいるものの、具体的な方法が見出せない。そんな状態の中で何か基礎になるものを作らなければいけないと思い、バーテンダーの世界に飛び込みました。

「成功者」が集まる店での修業

まず一から修業をと思い、地元・川崎の「Kings」というお店でバーテンダーを始めました。ちなみに、私の相方である公設第一秘書の風間良さんはこの川崎のバーの店長で、彼が面接をして採用してくれました。それ以来十数年、仕事のパートナーとして、プライベートでは良き兄貴分として、公私ともにお世話になっています。

その後、銀座・西麻布など都内に進出しました。経営の基礎を学んだのは西麻布でのバーテンダー時代。当時、牛角やａｍ／ｐｍを傘下に持つレインズインターナショナルの創業者が、プライベートカンパニーの中に「Majestic」というバーを経営されていました。社長のご友人達が気軽に集まるような場所で、当時その店の店長を務めていた山田朋行さん（現・サンダーバード代表取締役）には経営のいろはを教えていただきました。

その時は何を勘違いしたのか、バーテンダーといえば髪型はオールバックだと思い込んでいました。毎日オールバックにセットするのは大変だからということでアイロンパーマをかけていたので、バーテンダーというよりも違う世界の人だと誤解をされてしまうようなルックスだったと思います。西麻布の店の面接時、周囲の従業員は「変な奴来ちゃいましたね」という雰囲気。絶対採用されないだろうとみんなが思っていたそうです。そのなかで、山田さんの「おもしろそうな奴でいいじゃねぇか」との鶴の一声で採用してくださったという話は、後に従業員仲間から聞きました。

そして常に言われ続けたのが、「何事も甘くねぇぞ」ということ。考え方が甘かった私にとってはその教えが胸に刻まれており、今でも非常に感謝をしています。

そのバーでしばらく仕事をさせてもらいましたが、挙げればキリがないほどの芸能人、プロスポーツ選手・監督、経済界の有名人などが来店されていました。

ホリエモンこと堀江貴文さんの接客をさせていただいた時の経験は、私にとって非常に大きな刺激となりました。堀江さんは私の存在などまったく覚えていないと思いますが、バーテンダーだった私が注文をうかがうと、目を合わせることもなく、一言「ハイボール」「ジンジャーエール」と飲み物の種類だけを答えられていました。

当時の私は、堀江さんにとって人間というよりも自動販売機のような存在だったのだと思います。このことは、良い意味で私のやる気に火をつけていただきました。

「私もこうした社会的に成果を出している人達から、きちんと存在価値を見出してもらえるような人間に成長しないとダメだ」痛切にそう思いました。

高級店だったので、毎晩ドン・ペリニヨンやらロマネ・コンティやら、信じられないような値段のお酒がどんどん開けられていくような状況で、今振り返っても本当に華やかでバブルな世界でした。

お客様の会話も漏れ聞こえてくるわけですが、20歳で中卒の私には、まったく言葉の意味が理解できませんでした。アセット、インバウンド、コンバージョン、キャピタルゲイン、東証一部、ＯＥＭ、ＫＰＩ――毎日自宅に戻ってから辞書を引き、ネットで調べて一語一語をまず知ることを日課としました。

それからいろんな種類の本も読み始めました。しかし私には、そもそもまともに勉強した経験がほとんどありません。当時、本といえばテスト前の教科書と漫画くらいしか読んでいませんでしたから、机の前に座っていることさえ苦痛でした。

読書も最初は1日10分か20分しか続きませんでしたが、少しずつ読書量を増やし、文学作品、ビジネス書、哲学書などジャンルも広げていきました。こんなことを続けているうちに読書が好きになり、今では数千冊の本を読了するに至りました。そのうちにお客様の会話もわかるようになり、どんどん楽しくなっていきました。会話が弾めば、お客様にも可愛がってもらえるようになり、私目当てで訪ねてきてくださるお客様も日ごとに増えていきました。私は貧困を

バーテンダー時代の風間良さんと

経験していたので、人一倍ハングリー精神は旺盛だったと思いますが、この店でさらにその気持ちが強くなりました。

そしてチャンスは突然やってきました。

そんな生活をしているうちに、私の友人が一人のお客様を連れてきてくれたのです。

その方は、投資家として成功された人物で、お店の中での会話が弾み、後日ホームパーティーをやるから来ないかと私を呼んでくださったのです。パーティーに行くと、その方にこう言われました。

「一馬、おまえバーやりたいらしいじゃん。どんなバーをやりたいんだ？」

私は、具体的に経営のイメージをしていたこともあり、「知り合いのところにこんな立地の物件があって、周辺にはモダンなコンセプトの高級店がないので、そうしたものを求めている客層にはニーズがあると思います。集客的にもやりやすいと思います。こういう人材がいるので、その人を店長として連れてきたいと思います」といったような趣旨の話をしました。

するると、その方はこう言ったのです。

「そこまで計画が煮詰まっているなら、やってみればいいじゃないか」

会って2回目の方から、3000万円をポンッと出資していただきました。これまで生きてきた中で、こんなチャンスに巡り合えたのはこの1回しかありません。その時思いました。

「チャンスというのは、いつ巡ってくるかわからない。だからこそ、そのチャンスが来た時にそれを受け止められる準備ができているかどうかにすべてがかかっている」

それは、会社を創業した時も、衆議院議員選挙の時も同じでした。巡ってきたチャンスを全身全霊で摑みに行く。できるか、できないかではない、できるまでやり続ける。それが何より大切だということです。できる限りの準備をして、成果が出るまで、形になるまで諦めずに挑戦し続ければ、必ず成果が出る。その信念は今でも活動の基礎となっています。

22歳でダイニングバーをオープン。23歳でITベンチャー役員に

こうして私は22歳の時、渋谷でダイニングバー「Reality」を始めることになりました。店はすこぶる順調でした。通常、オープンの当初は初期費用のやりくりや集客もうまくいかず赤字になることが多いのですが、ありがたいことにこのお店は、開店以来、一度も赤字になったことがありませんでした。

そして、さまざまな人が遊びに来てくれて、徐々に人脈も広がりました。

私が水商売の世界に飛び込んだのは、自分自身の能力の向上や生活資金のためということもありましたが、「人」という財産を得たかったのも大きな理由の一つです。

銀座・西麻布での経験で著名な人達にも出会えて縦の繋がりはなんとなくできてきましたが、まだまだ同世代の横の繋がりは弱いと思っていました。

そこで、私は当時流行っていたSNSであるｍｉｘｉやGREEを使って同世代の経営者達を調べてみました。そこには20代前半でさまざまな業種で活躍する同世代の経営者達がいました。IT、広告、人材派遣、保険、飲食、学習塾、アパレル——。こんな幅広い分野から経営者が集まったら、何かおもしろいことができるかもしれない。そう考えて一人ひとりにメッセ

ージを送ってみたのです。「よかったら食事でもしませんか？」と呼びかけ、仲間を集めていきました。普通なら、変な奴からメッセージが来たらスルーされてしまいそうなものですが、さすが起業家達はおもしろそうなことに対するアンテナの感度が高く、フットワークも軽いため、ほとんどの人から返信があり、食事をともにさせていただきました。そして意気投合した仲間達と、20代の若手経営者・団体代表のサークル「ＴＯＰＳ」を作りました。

若手経営者といっても、みんなまだ創業間もない頃です。資金もメイン事業も安定していないから結構きつい状況。だから、お互いが持っている技術や知恵を交換することによって、お金をかけずに互いのビジネスに役立つような仕組みを作ろうと考えました。たとえば、お店のホームページを制作してもらう代わりに、接待時に店を使ってもらう時には原価で飲食物を提供する、といったような連携をしていました。

当時はベンチャー起業ブームで、みんなが起業家に憧れていました。このサークルにも80名ほどのメンバーが参加するようになりました。そのなかには、今でも後援会の中心メンバーとして支えてくれている人も少なくありません。

ウリドキの木暮康雄くん、ボードルアの冨永重寛くん、ダブルエルの保手濱彰人くん、ナイルの高橋飛翔くん、A.ver の林尚弘くん、シビラの藤井隆嗣くん、エイジ・エンタテインメントの光井勇人くんなど、今となっては錚々《そうそう》たるメンバーがこのサークルに名を連ねていたので

創業時に役員を務めたgumiが2014年12月、東証一部に上場

後援会長の國光宏尚さんと

す。

そんな活動をしていく中で、後に私のＩＴの師匠となるgumiの國光宏尚さんと知り合いました。ビジネスの会話を重ねる中で、依頼を受け、会社の執行役員として仕事のお手伝いをさせてもらうことになったのです。とくに、國光さんとの経験は創業からビジネスモデルの立ち上げ、スキームづくり、資金繰りなどなど、私にとって今に繋がる貴重な体験となりました。

自分の店と、２つのベンチャー企業での仕事。社会人としての人生が動き始め、ほんの少しだけ経済的な余裕もできてきました。人は余裕ができると、思考や心にも幅とゆとりができます。私自身も食うや食わずの頃、自分のことだけで精一杯の頃に比べて、気持ちに余裕ができました。

自分が貧乏だと気づいていなかった

初めての商売が軌道に乗ってくると、私の内面も大きく変化していきました。私はもともとすごくケチだったのですが、ある時、それがなくなっていました。

そこで気づいたのです。「私はケチだったわけではなく、人に与えることができるほどのものを何も持っていなかったんだ」ということに。

自分達が食べていくのに必死で、後輩にご飯をおごることもできないほど、お金がなかったのです。私のように幼少期から貧困の中で暮らしている人は、それがあたりまえで、自分が貧困層だということにあまり気づかないものなのかもしれません。それが人並みくらいのお給料を稼げるようになった時、初めて自分が貧乏であったことを理解することができました。

そして、初めて寄付ができた時のことを、今でも鮮明に覚えています。

偶然、叔父から国連UNHCR協会という難民支援機関のパンフレットを見せられ、「おまえも少しは稼げるようになったなら、こういうところに寄付したらどうや」と勧められました。なんとなくでしたが、何かの役に立つならと思い、難民の方々が必要とする物資の提供や健康管理の支援、それに自立を促進するための就労・教育支援を行うという募金活動に、月々数千円程度の寄付をしました。

この時に感じたのは、「人のために何かができるというのは、自分がしっかりしているからこそなんだ」ということでした。人のために何か役に立ちたいと願うなら、自分がしっかりと自立し、人の痛みをともに背負えるような人間に成長できていなければならない。そういうことに初めて気づいたのです。私自身が生活保護を受けていた時に、世のため人のためにボランティアをすることができたかといえばそうではなく、自分の生活を自立させるのに必死だったと思いますし、まずは自分や家族のことを優先した行動をすべきだと思います。こうした経験を積み重ねる中で、あらためて私は自分に向かって問いかけるようにもなりました。

「この世の中で何をして生きていくのか」ということを。

考えが180度変わったゴーギャンの絵

ある時フランスの画家、ポール・ゴーギャンの絵に出会いました。

《我々はどこから来たのか 我々は何者か 我々はどこへ行くのか》というタイトルの作品です。

その絵を見て惹き込まれ、共感しました。私達はなんのために生まれてきて、この一時代で何を成して、どう死んでいくのだろう——。そう物思いに耽《ふけ》りました。このまま死んだら、私には本当に何も残りません。やはり一時代を彩ることに意味があるのではないかと思い直したのです。

初めはシンプルに「どういう人間になればいいんだろう」ということを考えました。

「この先、自分は何がしたいのか?」

「どこに向かって進むべきなのか?」

ポール・ゴーギャン《我々はどこから来たのか　我々は何者か　我々はどこへ行くのか》

「自分の人生で一番カッコいいと思えるのは何か？」

常にカッコよくありたいと思ってはいたものの、何が本当にカッコいい姿なのか、はっきりとしたイメージは定まっていませんでしたが、自分と向き合っているうちに、少しずつ見えてきました。

「人のため、社会のために役立てる人間でありたい」

それは自分自身のためではなく、他の人や社会のために、何か自分のできることをしていく姿ではないか。それが最高にカッコいい、本当の姿ではないかと考え始めたのです。

そして、人のため、社会のために何かをするには、まず自分自身がしっかりとしていなくてはならない。私の周りには、かつての自分のように、経済的な自立のための機会や環境に恵まれない若者達が今でもたくさんいます。彼らにも仕事や学習に意欲的になれない焦りや不安、苛立ちがあったはずです。その環境を乗り越えていくためには、もちろん自分自身が変わらなければ何も始まりません。

一方で、それらの問題には、社会的な背景や遠因もあります。そんな社会の仕組みを少しでも変えることはできないだろうか。社会の仕組みを変えることは大変な仕事ではありますが、私にもできることはあるかもしれない。そう思い始めたのです。

社会を変える役割を担っているのは、本来は政治家です。しかし残念なことに、今の政治家のイメージは、少しもカッコよくありません。本当は人間と社会のために最善を尽くす、素晴らしい職業であるべきはずなのに。シンプルに、そう考えている自分がいました。

ならば政治家になろう。真剣に政治の道を志して、私が新しいモデルの政治家になってみよう。こんな私だからこそできることがあるはずだ。そう決心したのです。

722人の国会議員に片っ端から電話をかける

振り返ると、私が政治家に憧れを持ったのは意外に早く、ヤンチャ時代に取り上げられた雑誌の中ですでに「政治家になる！」などと言っています。

「外でどれだけ吠えていても社会の理不尽は変わらない。ルールを作っている人々が変わらないのなら、自分達が社会にとってより良い方向にルールを変える人間にならなくてはならない」社会への疑問や不公平感が鬱積していた、そんな時期でした。

ただ前述の通り、当時は友人達から「中卒のおまえが政治家になんてなれるわけがないだろう」というようなことを言われ続けていました。

あらためて政治家になろうと決意したものの、たしかに私には学歴もなく、政治家の知り合いなどいませんし、ツテもありません。

でも政治家になるのであれば、なるべくたくさんの政治家と知り合いになった方がいい。私にはそれしか方法がないと思ったのです。

だったらやってみるしかありません。行動あるのみということで、まずは、政治家の人達が会ってくれるような組織を作ろうと考えて、東大生など学歴の高い優秀な友人達を募り、「日本の政治をおもしろくする会」（日政会）という政治のリアルを学ぶ学生団体を立ち上げました。722人いる国会議員（当時）全員に連絡してみよう。そんな想いで突き進みました。

日政会は、若者の政治参加を促進するというテーマを掲げ、政治家にインタビューしたり、話をしていただいたりすることを主旨とした学生団体です。まずはみんなで政治家の電話番号やメールアドレスを収集して、集まった情報をもとに片っ端から連絡を入れてみました。

「私達に会っていただけませんか？」

すると、蓮舫さんや泉健太さん、細野豪志さん、小川淳也さん、橋本岳さんら100人ほどの政治家が会ってくれることになりました。

ちなみに、当時私の住まいのあった神奈川10区の衆議院議員である田中和徳さんや、後に私の政治の師匠となる菅直人さんには会っていただけませんでした（笑）。後日談ですが、後に先輩秘書となる加藤義直さんに聞いたら、どうやら怪しい奴らだと思われて、彼の判断で取り次ぎをしてもらえなかったようです。

面会してくれたのは当時の民主党の方々が圧倒的に多く、私達のような学生や若い連中ともフレンドリーに接してくれました。その後も、選挙の時には渋谷のクラブなどを借りて、音楽を流しながらスクリーンで選挙速報を見る「選挙飲み」というイベントを、城口洋平くん（現・エネチェンジ代表取締役ＣＥＯ）、当時ＰＨＰ総合研究所の代表を務めていた江口克彦さん、ドトールコーヒー創業者の鳥羽博道さんらに協力いただいて開催したりしました。日政会で交流を持った方々がこうしたイベントに興味を持ち、応援をしてくれることもありました。

小泉純一郎首相に惹かれ、自民党学生部に入る

そんな活動をしていた当時、私が仲良くしてもらっていた勝原健市さんが自民党学生部中央

執行委員会の委員長をやっていました。「自分達は卒業するが、副委員長として指名しておくから、自民党へ来ないか」と彼が誘ってくれました。「もし、政治家を考えているなら、保守本流のウチへ来たらどうだ？」と言うのです。

その頃の私は、まだ政治信条として民主党か自民党かということはあまり考えていませんでした。強いて言うなら小泉純一郎さんがとてもカッコよく見えたのと、一緒にやりたいなと思える友人・知人が、自民党学生部にはたくさんいたということはありました。「副委員長として指名してもらえるなんて」という感激もありました。そこで私は、田代絢亮新委員長の下で副委員長として自民党学生部にお世話になることにしたのです。

しかし、自民党に入って間もなくわかったのは、事務局の締め付けが相当厳しい組織だということでした。当時の学生部は大ホールに集められて自民党党歌「われら」を歌ったり、「今日はこの先生（議員）が講師で来てくださるから、話を聴きに来てください」と言われたり、そんなことが数多くありました。

こうした環境は、自分の理想とはだいぶ異なっていました。学生の意見やアイデアを採用してもらえるような雰囲気は、残念ながら当時はまったくありませんでした。

学生部員には、議員や地域の名士の御子息、御令嬢も多く、今なら政党の構造として、将来の自民党を担う人材や党員、あるいはファンを育成するのが学生部なんだと理解もできますが、当時の私や私のような叩き上げの仲間達は「なんだかうっとうしい」と感じて反発しました。

ある時、決定的な出来事が起こりました。私達が他党の学生部との交流イベントをやりたいと申し出たところ、反対する事務局の職員と正面衝突してしまったのです。

党の担当職員にしてみれば、多様な価値観を持たれるのは好ましくない、という感覚だったのかもしれません。それでも私達は無視して勝手にやりたいことをやったりしていたため、とうとう事務局と派手なケンカになってしまいました。

事務局職員と衝突し、民主党へ

そんな時、日政会のインタビュー以来懇意にしてくださっていた、民主党の衆議院議員・村井宗明さんが声をかけてくれたのです。「だったら、ウチに来ないか?」

自民党学生部にはあまり必要とされていないように感じていたので、私はその言葉に乗り、学生部の半分くらいのメンバーとともに、民主党へ行くことになりました。

村井さんの指示の下、若手代表として都知事選候補の浅野史郎さんの選対スタッフに加わりました。ほどなく選挙は終わりましたが、私は当然、その後も村井さんのお世話になるつもりでいました。ところが、村井さんは真剣な面持ちでこう言ったのです。

「一馬、本気で政治家を目指すなら、俺みたいな下っ端議員の下にいてはダメだよ。もっと誰か偉い人を紹介してあげるから、行ってみないか?」

私は戸惑いました。当時は本気で村井さんのことを尊敬し、この人と政治活動をしていきたいと思っていました。それと同時に、村井さんは当時、小沢一郎さんのグループにいたので、小沢さんのところを紹介されるのだろうかと考えていました。ところが村井さんは、「将来的に地元の関東圏から出馬したい一馬にとっては、適材適所で配置してくれるのは菅さんだと思うし、一馬の能力が生きるのは菅さんのところだと思うから、菅さんを紹介してやる」と言ったのです。

「小沢先生のところでなくても大丈夫なのですか?」私は思わず聞き返してしまいました。

そうすると村井さんは、「小沢さんのところだと書生で犬の散歩など、動物の世話から始めることになる。それが一馬にとっていいのか俺にはわからない。でも菅さんはフランクな人で、能力があれば適材適所の登用をしてくださる方だから、おまえは菅さんのところに行った方がいい。俺が小沢グループだということを気にしているなら、そんなことはいい。俺はおまえが成功してくれたらそれが嬉しい」温かい言葉です。

そんな度量の広い村井さんの言葉は私の心に響きました。悩んだ末に、村井さんの勧めとあらば、それに従おうと心を決めたのです。

菅直人さんの運転手、そして秘書に

こうして私は、菅直人事務所の門をくぐることになりました。

最初はインターン生として、2007年の統一地方選挙や菅さんのお膝元である武蔵野、府中の市議選などのお手伝いをしたり、同年の参議院選挙で大河原雅子さん、牧山弘恵さん、森田高さんの応援をしたりしました。

そのうちに「なんだか奴は頑張っているな」と評価されて、私は菅さんの運転手になりました。ボランティアからアルバイト待遇へ昇格です。

運転手になった時は、とても緊張しました。実は、それまで私は菅さんと一度もまともに話をしたことがなかったのです。

当時の私は、学校に行きながら店も経営し、会社の役員もやっていました。柔道整復師の国家試験の日も迫っていたのです。月500時間ほど働いていて、本当に寝る暇もありません。いつも気絶する（眠る）のは学校の机、という当時の先生方には申し訳ない状況でした。

菅さんを待っている時間は、車の中で黙々と勉強しました。専門学校は追試・再試の連続。それでも最後は200点中、合格ラインすれすれの120点ピッタリで進級できました。まさに綱渡りの毎日。きっと運が味方をしてくれたのでしょう。なんとか国家試験にも合格しました。

少しずつ菅さんとも話せるようになりました。それは嬉しかったのですが、自分にもターニングポイントが近づきつつあると感じ始めていたのです。

学校は卒業したし、国家試験も無事通った。店も会社も順調だし、菅さんというビッグネームの側にもいる。しかし、見方を変えれば、どれも中途半端です。

国家試験には合格しているけど満足のいく点数ではなかったし、店も赤字を出してはいないとはいえ、大儲けしているわけでもありません。政治活動も身分的にはまだアルバイトのドライバーに過ぎません。私もそろそろ自分自身の道を決めなければならない――。もう迷いはありませんでした。

私はずっと政治をやりたいと思ってきたのです。思い切って店と2つの会社を辞めることにしました。みんな快く私を送り出してくれた、その好意には今でも心から感謝しています。

そして私は、菅さんに言いました。

「店も会社も辞めてきました。給料はいくらでもいいので、私を秘書にしてください！」

「えっ、おまえ、本当に会社辞めてきたのか？」

菅さんは本当にビックリしていました。それでも「じゃあウチで働いていいよ」と言ってくれたのです。

自分の決心がついて、それが形になりました。とても嬉しかった。ただ後になって一つだけ、ちょっと驚いたことがありました。給料はいくらでもいいと言ったのは私だけれど、そうか、いくらでもいいというのはこういうことだったのか……（泣）。

でも、それでいいのです。まさに私の「勝手に背水の陣」計画がスタートしたのです。また一から始めよう。そんな想いで、前を向いて歩き始めました。

後援会とグループの担当秘書として

菅さん達に早く認めてもらいたい。そう思って、私が心に決めていたことがあります。「誰にでもできることを、誰よりもやる」こと。ポスター掲示の営業で、他の人が100件回って5枚貼ってくるなら、私は300件回って20枚貼る。テレアポでみんなが1日200件かけるなら、600件かけよう。

こういう単純な作業、大変な労働をいとわず誰よりもたくさんこなすことにしたのです。それが修業だと自分に言い聞かせ、ただただ、がむしゃらに必死で働きました。

そして半年ほどが経ちました。

「おまえ、ベンチャー企業をやっていたなら、資金関係もわかるよな?」

菅さんから願ってもない声がかかりました。

「ハイ、得意です! やらせてください」

私は、菅さんの全国後援会である「草志会」の担当秘書と菅グループの事務所「国のかたち研究所」での業務を任されるようになりました。主に、組織団体対応と政治資金集めを担当させてもらいました。

菅さんは、大口の献金はスポンサーの意向が影響して政策が偏ると疑念を持たれるから、絶対にダメだという政治家でした。だから、支援者や企業を回って、コツコツと小口の献金を集めなければなりません。相手は役員クラスの方々が対応してくれますが、私のような若造が「菅直人事務所・秘書」の名刺を持って会いに行くので、おもしろい奴だと思ってくださった人も多かったようです。結果、多くの政治資金を集めることができました。

経費の削減も徹底的に進めました。民間企業に比べれば、政治家の事務所はどこもコスト意識が高くありません。「コピー1枚の経費はいくら」など、民間ではあたりまえに意識されていることが、問題として取り上げられてもいませんでした。小さなこと一つひとつを改善し、効率化を図りました。最終的には、目標値が前年比の1・2倍のところ、7・5倍もの利益を出すことができました。生意気で恐縮ですが、収支の向上には大きく貢献したと自負しています。

菅さんもとても評価してくれました。仕事ぶりをきちんと見てくれていたのです。どの世界でも、これは働く者にとって大きな励みとなります。

そんな菅事務所での修業の日々を過ごしていた私でしたが、菅さんはタイミングを計って地

菅直人事務所を卒業する時に撮影していただいた一枚

元神奈川7区選出の衆議院議員であった首藤信彦さんを紹介してくれました。それは私の立候補への道のりが、少しだけ具体化したことを意味していました。信頼は事実の積み重ね。私が政治にかける想いと意志は、十分に菅さんに伝わっていました。胸が高鳴りました。前に進むしかありません。

そして2010年6月、「人が人から離れる時は、その人が大変な状況下ではなく、一番良い状態の時」という自身の信念の下、菅さんの事務所を去りました。菅さんが総理大臣になったタイミングです。

「県議会議員よりも総理大臣秘書の方がいいんじゃないか」

そう言って引き止めてくれた人もいましたが、私の決意は揺るぎませんでした。約3年間お世話になった事務所を辞職し、立候補を目指したのです。

第2章

県政史上最年少の神奈川県議会議員

県議会議員選挙に必要な費用は約1000万円

国際政治学者でもある首藤さんは「とても頭がいいけど変わった人で、いつも国会にいて地元にはあまりいない」、そんな噂もチラホラと耳に入ってきていました。しかし実際に仕えてみると、イメージとは違ってとても良い人でした。教育者だったので、若い政治家を育ててあげようという想いを強く持ち、さまざまなサポートをしていただきました。

私が立候補に向けて準備を始めた頃のことです。

首藤さんから「民主党から同選挙区で2人出ることになるから、党の公認をもらうためには、現職の計屋珠江さんに会って、承諾を得ないと出られないよ」と言われました。

複数の人が受かる選挙区で同党のライバルがもう一人立てば、選挙の当落に大きく関わります。私は、首藤さんに伴われて計屋さんに会うことになりました。計屋さんは、実は中学時代からよく遊んでいた友人である計屋宗範くんのお母さんだったので、私の方は一方的に計屋さんのことは知っていました。

お会いしたのは、忘れもしない暑い夏の日。日吉のスターバックスでした。ガッチガチに緊張した私は、何を話したのかよく覚えていません。しかし計屋さんは、私心ではなく全体のためにと快く公認のＯＫをくださいました。その寛大な器量には今でも感謝をしています。

その後、正式に公認をもらったのが２０１０年8月30日、ちょうど私の27歳の誕生日でした。

不安や問題は山ほどあります。まず選挙資金の蓄えなど、私にはまったくありません。

通常、県議会議員選挙に挑戦するには１０００万円くらいはかかると聞かされていました。

その時の私の貯金はたった２００万円。家族や親戚にも、大金を頼めるはずはありません。

でも、なんとかなるだろう。やる気と根性でなんとかしよう。みんなに助けてもらいながら、自分にできることは何でもやろう。信じて行動を続けていけば、道は拓かれる。今までがそうであったように。そう考えて私は走り出しました。

選挙で得るもの、失うもの

出馬を決めたその頃、プライベートでも大変なことが起きていました。上の妹は、ちょうど結婚して妊娠・出産の時期でしたが、それでも私を励ましてくれました。気苦労をかけたことと思います。

母は子宮摘出の手術をした後で、さらに更年期にさしかかり、心身ともに不調に陥っていました。それでも相変わらず私のことを心配してくれていました。

「あなた、大した学歴も何もなくて、政治家になるなんて。お金だってかかるでしょうに」と言いながらも、「手伝ってあげたいのに身体が動かへん。一馬に申し訳ない」と謝ったのです。

私は私で、「ゴメンな、オカンがこんな時期に。むしろこっちが支えてあげないかんのに、また自分勝手なことして……」と心が痛みました。

また当時、長く交際を続け、結婚をしようと考えていた彼女がいました。

彼女は、山口県の自民党系市議会議員のご令嬢でした。地方は都市部より濃密で古い体質のコミュニティなので、彼女は父親の選挙の時の母親の苦労を目の当たりにしていました。毎日、母親が「○○をお願いします」と、平身低頭して歩いていたそうです。

彼女は「私には母のようなことはできそうもない。あなたが選挙に出るなら別れる」と言いました。

それでも振り切って立候補を表明した結果、私達は別れることとなりました。現実は、ドラマのように甘くはないと痛感した瞬間です。

友人の中でも、本当に心から応援してくれている人とそうでない人とがハッキリと分かれました。

なかには私と同様に、それほどお金を持っているはずもないのに、「こんなに大丈夫か?」

と心配になるくらい寄付してくれた人もいました。

選対の中でも、不平不満もあるだろうに黙々と支えてくれる人もいれば、ちょっとした仲間同士のいざこざで激昂して離脱する人もいる。人はさまざまです。事情もあれば、タイミングもあります。

人を信じることは大切。しかし、期待しすぎてはいけない。「信じていたのに」という言葉は、相手に責任を押しつける甘えです。良いことがあった時に、喜びを噛み締めて感謝した方が楽しい人生。得るものがあれば失うものもある。そんな感慨深い想いを抱きながらの27歳の挑戦でした。

その1年は私にとって、実にたくさんのことを教えられ、学んだ期間でした。

27歳で県政史上最年少の神奈川県議会議員に

神奈川県議会議員に当選した時のことは、今でも忘れられません。

2011年4月10日。第17回統一地方選挙でした。得票数は1万7221票。順位では最下位でしたが、見事当選することができました。

地盤（支援者組織）・看板（知名度）・鞄（資金）などと言われますが、組織票や基礎票をまったく持っていなかった私は、開票速報の序盤、得票数はゼロ。他の候補者すべての得票数が5000票と差が開いていましたので、「これは厳しいかな」と思っていたら、そこから追い上げて逆転勝利をしたのです。こうして私は27歳にして県政史上最年少の神奈川県議会議員となったのです。

「当選させていただきました〜！」

「おめでとう！」

「万歳！」

「よかったね、よかったぁ！」

拍手と歓声の中、私は精一杯に声を張り上げて当選の挨拶をしました。

その直後、全身から力が抜けました。心底ホッとしたからです。その時の私は、きっと間の抜けた顔をしていたでしょう。

生まれて初めての立候補者として戦う選挙戦。選挙期間は10日間に過ぎませんが、政治活動期間は約1年。訪問や演説を積み重ねる毎日は本当に長く感じました。

私のような無名の新人候補には、政治活動を含め、約1年の長い準備期間が必要でした。満足な資金がないまま、家族、友人、スタッフや支援者の方々、多くの人を巻き込んで、初めて

誰でもできることを誰よりも！
総理大臣！
そして3年後――
神奈川県議会議員当選
さあ！これから！

の選挙に臨んできたのです。

「これだけ多くの人々が私を応援してくれている」「期待になんとしても応えなければ」そう思い続けてきました。

テレビの画面に「当確」のテロップを目にした瞬間、そんな緊張感から解き放たれて、私は喜びより先に、安堵感で一杯になったのです。

戦いの期間中は語りつくせないほど、さまざまな経験をしました。政治活動期間は、雨の日も風の日も、毎朝夕2時間以上の街頭演説を続けました。

加えて、実績も何もない私を

知ってもらうための地元回り、有権者の方々との集会、タウンミーティング、震災後の義捐金《ぎえん》募金活動……。選挙期間中は、街宣カーは極力使わず、1日18時間、主に自転車で走り回りました。

豊富な資金などありません。足で稼ぐしかなかったのです。おかげさまで約10キロの減量に成功したほどです。その後のリバウンドはすごかったですが……（苦笑）。

苦労をしたのは私一人ではありません。スタッフも支援者も、みんな同じように苦労と働きを分かち合ってくれていました。私の事務所のスタッフは基本的に自分の仕事（本職）を持っていたので、平日は菅直人事務所時代のインターン生や私の書いたブログを読んで応募してくれた学生達がボランティアで手伝ってくれました。土日になると、社会人の仲間達が貴重な休日の時間を割いて応援に来てくれました。なかには、九州から泊まり込みで手伝いに来てくれた友人もいました。

賃金を払い仕事で手伝ってくれる関係ではなくボランティア。「中谷が政治家になったら世の中きっと良くなる」という志で手伝ってくれた仲間達です。感謝してもしきれません。

地域の保守層は自民党がしっかりと固めています。民主党の支援団体や基礎票は同選挙区のもう一人の民主党候補者である計屋珠江先輩が取りまとめていました。また、当時の世間の風は、みんなの党に向かっていました。

私が立候補を決めた頃は絶好調に見えた民主党内閣も支持率は下がる一方でした。未曽有の大震災を挟んで菅政権は苦境に立たされ、選挙戦、最後の1か月はみんなピリピリしていました。

神奈川県議会の港北区選挙区において定数4議席中、野党系候補で3議席を占めるということは、今思えば奇跡に近い結果だったと思います。

当選翌日からの暗闘

しかしながら、当選を素直に喜べる時間は続きません。

投開票日の翌朝6時頃、ボランティアでウグイス嬢のお手伝いをしてくれていた学生の家に警察官が突然やってきました。任意同行を求められ、丸一日事情聴取を受けることとなりました。

なんの罪もない学生が「お前、中谷からお金をもらう約束をしていたんだろう」と厳しく問い詰められたそうです。当然そんな事実はありませんので、学生達は全員がその容疑を否認し、「世の中を良くするためにみんな必死に選挙を手伝っただけなのに、警察はなんでお金の話ばかりするんだ。本当に汚い」と強く訴えてくれたそうです。

現役の総理大臣であった菅直人さんの秘書出身だった私は、ある意味で注目度も高く、私に何かあれば政治的なダメージも大きくなります。総理の元秘書とはいえ27歳の小僧が100人近い若者達と選挙戦を繰り広げる姿は目につきやすく、お金ももらわずに人が働くわけがないという先入観もあったようでした。

事情聴取で厳しく問い詰めれば自白するだろう、という思い込みから進められた捜査は結果として証拠や根拠もなく、多くの若者の心を深く傷付けました。

その後、学生達は無実で釈放されましたが、悪いことをした覚えもないのに、なぜこんなことが起こったのかと本当に驚きました。

学生の親御さんも、娘が政治家の事務所にボランティアをしに行ったら、警察に任意の事情聴取を求められて連れて行かれたことはとても心配になると思いますし、政治から若者を遠ざける大きな原因にもなります。

後日、捜査関係者に話を聞くと、とある政治家筋から「中谷のところは違法にお金を払って選挙活動をさせているから捜査した方がよい」というリークがあったとのことでした。政治家になるための権力闘争とはこういうことなんだなと痛感させられ、心を痛めましたが、そんな厳しい状況にあっても、私を信じて最後まで支援してくれた人々の誠意、心意気は言葉にできないくらいありがたいものでした。

そんなめくるめくような想いと、ともかくも当選を果たした心地よい疲労感に包まれながら、同時に、私の頭の中には別のことがよぎっていました。

「忘れてはいけないことが、一つあるぞ」

「私はいったいなぜ、この場所に立っている?」

「なぜ、ここまで来たのだろう? 学歴も、お金も、何もない自分が」

何か一つでも欠けていれば、私はその場所には立っていませんでした。それほど偶然と幸運に助けられて、そこにいたのです。

ただ、何もなかった自分でも、唯一持っているものがありました。

それは、夢と志でした。

その想いに共感し、支えてくれたたくさんの支援者の方々の協力と、それらに対する心からの感謝は言うまでもありません。

私の政治家としての夢と志を実現しようと、前だけを向いて仲間達と全力で突っ走ってきました。

若い私にだってできることはあるのではないか? いや、私のような来歴の人間だからこそ、できることもあるはずだ。そんな自分の想いと考えを人々に伝え、訴えて、それらを実践するために政治家を志したのです。

であれば、これは到達点ではありません。最初のハードルを越えたけど、まだスタート地点に立ったに過ぎない。これは始まりだと身を引き締めました。

政治家はなんのために存在しているのか

皆様は、そもそも政治家、議員は何をする人達なのかご存じですか？

国や自治体の運営は、皆様からいただいた税金によって行われています。

日本でいえば年間約100兆円超の予算、神奈川県なら約4兆円程度の予算があり、その使い道に対して意見・提言を行い、予算配分やルールを決めるのが各議会の議員です。

議会は社会の縮図です。議員は各分野の利益代表であり、その集合体が考える利益を代弁します。

わかりやすく言えば、原子力発電所などの社会問題やカジノ政策の賛否といった問題を解決する市民活動家の代表。また各業界団体の利益代表、たとえば医師会出身者であれば医師団体が考える理想を代弁し、建設業界の代表であれば業者の利益を代弁します。

神奈川県議会　予算委員会

さらには、若者、高齢者など、世代の利益を代弁する利益代表。そして、地元の名士といった地域の利益代表など、さまざまな利益・理想を代表して代弁する者が議員であり、政治家です。

当選と同時に、私は新たなスタート地点に立たせてもらったという気持ちで、新人議員として日々の仕事に全力で取り組みました。

いつも心に刻んで決して忘れないようにしていたのは、政治家・中谷一馬としての身分は、有権者の方々からの信任によってのみ保障されているということです。

「政治家は、落ちればタダの人」などと言われますが、それどころかタダの人以下でもあることを痛感しています。

学生が学期ごとに試験を受けるように、任期が終わったり、議会が解散されたりすれば、議員も任を解かれます。職業として考えれば失業することになるのです。そして、もう一度、信任テストを受けなければなりません。

これは、政治家にとっては大変厳しい試練でありシステムです。でも、あたりまえのことです。国会議員であれ地方議員であれ、政治家の活動費と報酬は、税金により賄われているからです。

そして政治家の職務は「政策の提言から実現に至るまで」です。これは、税金の使い道を決めるということに他なりません。道路や橋を造ったり、教育や医療に対する助成をしたり、現実的になんらかの政策を実施するには費用がかかります。それらは、国民が納めた税金によって賄われるのです。

国民の代表・代弁者として、選出された議員が議会において税金の使い道を決定します。それを行政府が実際の執行者として実施・実行していくのです。国民目線からすれば、行政に関わる公務員もやはり同じように問われるはずです。

そう考えれば、政治や行政に関わる人が国民のチェックを受けるのは当然のことです。

個人も組織も、常に100％の自浄能力を発揮できるなら話は別です。しかし、現実はそうはなりません。チェックを怠れば権力は必ず腐敗します。それは歴史からも明らかです。どこかにムダや非効率、お手盛り、ひいては癒着や談合の温床さえ生まれてしまう可能性があるのです。

だからこそ、国民・政治・行政が、三者三様の健全なチェック機能を果たすことが大切です。そのためには、あらゆる領域で可能な限りの見える化（透明化・可視化）・オープン化を進めることが何よりの第一歩だと私は提言し続けています。

投票して政治家を決めることがなぜ大事なのか

議員は、わかりやすく言えば、ルールを決めて、皆様から集めてきたお金（税金）の使い道を決めて分配する人達です。その使い道が「国民が納得できるものであるか」「継続的な公益に繋がる使い道であるのか」などを判断します。そして国民の利益を代弁できる人間であるのかを国民が判断し、議員を選ぶ機会が選挙であり、投票です。

日本が法治国家である以上、秩序を守るため、あたりまえですが暴力は認められていません。そこで一番強い力はなにか。ルールを作る者が一番強くなります。

しかし、いったん決まってしまったルールがいつまでも適用されるかといえば、そうではありません。

ジャンケンで説明をすると、グーはチョキに勝てる。これは一般的なルールです。しかしながら、もしもチョキを出した人がルールを変更できる権利を持っている人だったとしたらどうでしょうか。

この「ルールを変更できる権利を持っている者」こそが議員なのです。

たとえば、その権利を持っている議員が、チョキでグーに勝つことこそが国民の利益になると思い、信念を持ってこのチョキを出したいと考えていたとしたら、心境としては、信念のこもったチョキでグーに負けるわけにはいきません。だからルールを変更し、チョキはグーに勝てるようにしてしまうでしょう。

現在の世の中は、ルールを支配する者がとっても強いんです。ルールを変えたら勝敗が変わって、昨日までの勝ち組だった者達が一気に負け組になる可能性があります。

そんな状況下で、皆様の声を代弁してルールを決める立場にいる政治家への投票はとても大切な行動であり、自分の成したいことを成し遂げるには、代弁者である政治家へのアプローチが非常に重要になります。

そのなかで「今の政治がなんだかダメだな」と思えば、新しい者に期待し、投票してルールを変えようとすればいい。「今の政治が安定して良い」と思えば、既存の勢力を応援してルールを維持しようとすればいいのです。

私達を取り巻く状況を変えていくためには、チョキでグーに勝つというぐらいの気概を持って、強者のための政治でもなく、目先の政治でもない、弱者のための、未来のための新しいルールをみんなで作っていく必要があります。

私はこうした観点から、国民の未来がより良くなる新しいルールを常に考えながら、日々活動をしています。

なぜ政治はあるべき方向に向かわないのか

なぜ政治は変わらないのか。動いていかないのか。

シンプルに言えば、国民の政治への関心が低いことが最も大きな要因だと思います。

「自分の一票では何も変わらない」と思っている方が多い時期には投票率が上がらず、政治は変わりません。しかしながら、投票率が上がった時には、山は動きます。事実、２００９年の政権交代が起こった時の衆議院選挙の投票率は69・２８％と7割に迫る勢いでした。

しかしながら投票率の低い選挙では、自民党・公明党政権が大勝しています。

戦後最低だった２０１４年の投票率は52・６６％。戦後ワースト2位だった２０１７年は

53・68%。この時は強い組織票を持つ安倍政権が安定的に維持されたことがその証拠だと思います。

こうした状況を作っている要因は、政党側にもあります。たとえば野党がバラバラで、「こりゃ選挙に行っても変えられなそうだな」と多くの国民に思われれば、皆が合理的無関心状態となります。

この場合の合理的無関心とは、自分の生活や仕事、プライベートの時間を削って情報収集をして投票に行っても、そこから得られるリターンが短期的には感じられにくいため二の足を踏んでしまい、個人では投票に無関心になることが合理的になる現象です。

こうした状況を正すためにも、野党は今の政権を超える新たな選択肢を明確にわかりやすく示さなければなりません。

しかしながら、私達国民が政治に無関心であったとしても、政治と生活が無関係になることは決してあり得ません。生活のすべてと政治は密接に絡み合います。

そのなかでも、若者の投票率はとくに低いことから、未来を代弁する利益代表が非常に少ないように感じます。その結果、近視眼的な目線で負担を若者世代・将来世代に先送りすることだけで問題回避をしようとしている自転車操業的な政策が行われており、長期的な成長を見込んだ運営ができていません。

若者の投票率が低いのは、政治への関心が低いためだけではありません。自分達の悩みを代弁してくれる議員がいないと若者が感じていることも理由の一つだと思います。

ちなみに、2011年に私が初当選した時、神奈川県議会の定数107人中、20代の議員は私一人でした。要するに107分の1なので1％未満。30代の議員を入れても10％前後でした。

そして2017年衆議院議員に初当選した時は、私が34歳。30代の比率は7・1％。20代の議員は一人もいませんでした。年齢だけで政策が決まるわけではありませんが、当然、世代が近いほど認識している悩みが近くなります。

たとえば、高齢者であれば介護・福祉・医療などへの関心が高いでしょうが、子育て世代の若者であればそれよりも保育園や子育て関係の手当てなど、そういったことが当然気になるでしょう。ですから、年齢の近い政治家はやはり自分達に近い悩みや考え方を持っている可能性が高くなります。

しかし、想いを共有できる政策を掲げている同世代の議員が少ない若者にとっては、「投票したい人がいない」となるのもうなずけます。

また、人口比率と投票者数比率から見る政治的影響力の変化でいえば、少子高齢化の影響から若者世代の影響力は低下傾向にあります。このように、ただでさえ人口比率で影響力が低下しているのに、その上、若者世代の投票率は低く、高齢者世代の投票率は高い傾向にあります。

民主主義の高齢化（シルバー・デモクラシー）によって、政治における高齢者の影響力の増加が懸念されるということもあります。しかしそれ以上に改善していかなければならないことは、若者の政治参加への興味関心の低さです。「自分達が動いても何も変わらない」と思う若者が増えてしまうことは、あるべき方向に政治が動いていかなくなる大きな原因の一つであると感じています。

そして、一番の問題点は、若年層が自分達の置かれている状況や問題点を自覚できていないということです。現在のように、目先の利益を優先した政策決定を行い、無策のまま負の遺産を将来へ先送りにされ続けて困るのは、未来を生きる若年層です。

しかし、この状況を自覚していない若者達に責任があるのかといえば、そうではありません。社会参加をすることの意義をきちんと教育できていない現在の社会全体に責任があります。若年層に社会参加の意義を伝えるためには、人生経験が豊富で人口規模の大きい先輩達が、経験が浅く、人口規模の小さい若年層の声を汲み取れる教育やシステムづくりを行うことが本来的には必要なのです。

私はこうした政治参加の教育に関しては、市民として必要な素養を育てるシティズンシップ（市民性）教育をより充実させ、若年層に社会参加の意義や現在の問題意識を共有させることで、ポリティカルリテラシー（政治情報や知識の活用能力）の向上を図り、全世代市民参加型のより良い政治を作る必要があると考えています。

現状では、一部の既得権益団体や圧力団体の声がより優先的に政治や行政に反映されがちです。それは少数派でありながら、政治や行政への働きかけが巧みだからです。

しかしながら私は、一般市民や、政治の世界がなんだかおかしいと思っているけど、声の上げ方がわからないサイレント・マジョリティ（静かなる多数派）、全世代の本当に困っているマイノリティ（少数派・社会的弱者）やハンディキャッパー（身体障害のために社会的に不利な立場にある人）、あるいは機会に恵まれない若者達なども含め、広く一般の生活者の意見に耳を傾けたいと思っています。

こうした想いから私自身は、自分の政策づくりや政治家としての成長のために、自前のネットワークや地域の会合に参加し、積極的にいろんな方とお会いし、ご意見を拝聴しています。

私の地元選挙区である横浜市港北区・都筑区の人口は約57万人。仮にすべての人に話を聞こうと思ったら、1日100人×365日×15年以上の月日がかかります。そんな活動にも当然費用はかかります。1回は少額でも、1年365日と積み重なっていけば大金になります。

収支はいつもカツカツで、当然ながら利益が出る構造になっていませんし、その必要もありません。政治活動はやればやるほど資金が支出されていく構図となっており、そもそもそんな政治をやって大きな財産でもできたら、それは論理の矛盾です。

政治は、あたりまえですが民業のような利益追求の事業ではなく、社会変革のために志を持って行う生き方です。私の政治家としての仕事は生計を立てるための生業ではありません。生き方であり、人生そのものだと考えています。

ですので、支えてくれるスタッフ達にきちんと家族で生活できる報酬が支払えて、議会運営に必要な情報収集や学習などのインプットと議会への意見提言、国民の皆様への広報、伝達、告知などによるアウトプットなど、まっとうな政治活動を続けられる程度の費用が賄えれば御の字だと考えています。私達政治家は、常にこのことを忘れるべきではありません。

毎朝6時半から街頭活動。新人議員の1日

新人議員の1日は朝5時の起床からスタートします。6時半には選挙区内各所で街頭活動を行い、住民の皆様に議会や政治の世界で起こっていることを報告すると同時に、話しかけてくださる皆様からのご意見・ご要望を承りました。

新人時代の2010年9月から始めたこの活動は、現在に至るまで続けています。2020年現在でも1年365時間を目標にしており、始めてから約10年経った今は延べ4000時間

近くになりました。昼間は普通の会社員の皆様と同じように議会に登庁していることが多かったので、基本的に有権者の皆様に活動報告をするのは、平日の早朝、夕方以降か休日になります。

神奈川県議会へは、午前9時頃に登庁しました。そして午前中は、会派内での調整のための打ち合わせや県議会本会議や各種委員会。昼食は、ほとんど民主党県議団とのミーティングを兼ねてとりました。

午後も県議会本会議や各種委員会があります。その他にも、当局との各種打ち合わせや議員連盟の会合、各種審議会など。ここでは党派を超えた議員が集まり、神奈川の諸問題に取り組みます。

時には、各地の集会やイベントに呼ばれることもありましたが、神奈川県議会内での議員の1日はざっとこんな感じでした。

夜は6時頃から、地元でタウンミーティングや懇親意見交換会を行います。終わってようやく夕食となりますが、これも会合を兼ねていることが多いのです。地域の皆様の要望や意見をうかがうのは政治家の大切な仕事です。

こうした中で、議会での質問の下準備をし、自らの政策提言づくりも進めなければなりません。各法案や政策案についても勉強し、情報も収集します。判断が難しい場合には、現地まで

中谷一馬が行く!!
県議会議員のとある一日
議会報告レポートまんが
起床
5:00
今日もがんばるぞ！
朝食
6:00
街頭活動
6:30
新横浜駅
議会報告演説会
弁士
神奈川県議会議員
中谷一馬
県庁登庁
9:00
昼食 兼
民主党・かながわクラブ県議団会議
12:00
団会議は食事しながら行います
食事時間も休憩せずに会議です
10:30
はい委員長！
中谷委員！
各種委員会にて政策議論を行っています
常任委員会・特別委員会
予算委員会
9:30
民主党・かながわクラブは今回この案で行きましょう！
会派内調整の話し合いです
政務調査会
総務会
部会長会議
神奈川県議会
本会議
13:00
あれー寝てる人がいるぞ！
Zzz…
はい！議長！
中谷議員！
各種議員連盟
会合
16:30
様々な会派の議員が集まりチーム神奈川で諸問題の解決に取り組みます
地元タウン
ミーティング
18:00
県民の皆様からご意見ご要望を伺います
あそこに信号をつけて！
保育園をふやして！
もっと防災対策を！
私に任せて下さい！
夕食 兼
各種会合
20:00
期待してるよ！頑張って！
わい
わい
帰宅
22:00
大勢の人と様々な議論を行い
1日が終わります
就寝
23:00
明日も一日がんばるぞ！
また明日へ！
ご意見ご要望はこちらまで！
中谷一馬事務所
〒223-0061
横浜市港北区日吉2-6-3-201
TEL：045-534-9624
FAX：045-534-9625
Email:info@kazumanakatani.com
HP：http://kazumanakatani.com/inquiry
中谷 一馬

視察に行くこともあります。

政治の課題は、人々の暮らしそのものですから、多岐にわたります。当然、それぞれに得意分野・不得意分野は出てきます。状況も刻々と変化します。議員も常に学んでいかなければなりません。やるべきことはいくらでもあるので、時間がどれだけあっても足りなくなります。

地方議員は形式上、非常勤であり、兼業も認められているので、活動スタイルはさまざまです。世襲で議員をしている人もいれば、古くから家業を営んでいる人もいます。

その点、私は政治を専業とする議員でした。他に仕事など持っていなかったので、お金もすべて政治家としての収支で賄わなければなりません。

議員の報酬は高いのか、安いのか!?

政治家の手当といえば、議員報酬、寄付、地方議員は政務活動費、国会議員は文書通信交通滞在費などです。神奈川県議会議員の場合、議員報酬は当時月額約90万2100円（2013年）でした。ここから会社員と同じように税金や社会保険料が差し引かれ、おおよそ半分くらいの金額が手取りになります。

県議会議員時代の政務活動費は、ほとんど事務所経費やスタッフの人件費などに消えてしまいます。政策づくりのための調査、勉強、説明責任を果たすための広報活動、告知などを考えるととても足りません。

また、舞台が衆議院議員小選挙区になると、選挙区が倍近い広さになったので、人件費、事務所費、広報費などを含め、さまざまな経費を考えると毎月100万円以上の資金が必要になります。少しでも積極的に政治活動をしようと思ったら、その分の経費をなんとか確保しなければならないということです。だから私も「中谷一馬を応援する会」という後援会を作り、寄付を募っていました。

収支を会社にたとえるなら、これらの収入合計は「売上」に相当しますが、「支出」も非常に多く、手取りのお給料のような「利益」ではありません。これが高いのか、安いのか――さまざまな意見があると思いますが、まともに議会・政治活動をしようと思えば収支はカツカツの状態です。

そしてこの金額には、私の生活費は入っていません。ですから、私の議員現職時代からの生活も質素なものでした。

2LDKの家に、県議会議員候補の同期だった奈良甲介さん、秘書の風間良さんと3人で同居をしていました。奈良さんは結婚して独立したので後に2人となりましたが、当時の家賃は1人月4万5000円程度。マイカーは所有せず、プライベートな用事がある時には同居人の仲間の車を時々借りていました。地元ではいつも近所の中華料理屋さんか牛丼屋さんにいるねと言われるほどで、今時の若者達とあまり変わりのない生活水準でした。落選した場合、浪人中は議員としての収入がなくなっているのに毎月100万円以上のお金がかかり、公私ともに財政はとても苦しい状況が続きました。

また、政治家は、社会的な風潮として経費決済が認められにくい環境です。飲食費などの交際費は、とくに世論からご指摘をいただくポイントだと思います。ですから、有権者の方々と会合したり、食事をした時は自分のポケットマネーから支払います。

会食は、支援者に御馳走になるわけではありませんし、もちろん逆にこちらが御馳走をすると、買収になる恐れがあります。

それなら、「夜に飲み食いなどの活動をしなければいいじゃないか。どうせ、自分の選挙のためだろう?」と思う人もいるでしょう。しかしながら、そう簡単な話でもないのです。

私達も多くの会社員と同様に昼間はバタバタと働いており、ほとんど時間がありません。その上で、政治家の仕事とは、国民の代弁者として人々の声を拾って政策に活かすことから始まるので、さまざまな人に会わないわけにはいきません。

とくに私は、前述のようにサイレント・マジョリティと呼ばれる人々の意見をもっと政治に反映したい。このサイレント・マジョリティが、最も一般的な生活者ではないかと考えているからです。

しかし、残念なことに、この呼称のごとく、現在この層の人々はなかなか声を上げません。根強い政治不信の中で「政治は何を言っても変わらない」と失望してしまっているのかもしれません。

政治というのは、このようにお金のこと一つでも難しいものです。

居眠りしている議員が悪いのか、選んだ国民が悪いのか⁉

皆様は、自分が一票を投じた政治家が普段どんな仕事をしているのかご存じでしょうか？

たとえば居眠りをしている政治家は、本人が悪いのか、居眠りをするような政治家を選んでいる私達国民一人ひとりに責任があるのか。私達は真剣に考えていかなければなりません。

自らが一票を投じた議員・政治家が普段どんな活動をしているのか？　どんな法案に賛成し、反対したのか？　また議会でどんな発言をしているのか？　そうしたことは、折に触れチェックしていただきたいと思います。議会を傍聴することもできますし、ネット上で調べることも可能です。むしろ自分が票を投じた議員が活動を皆様にきちんと知らせていないとすれば、それは大きな問題です。政治家には説明責任があります。そんな時は、地元の議員に直接質問してほしいのです。「あなたは、任期中に何をすべく活動しているのか？　どんな政策を実現した政治家なのか？」ということを。

こうした国民の行動は、政治や行政の襟を正すことに繋がり、その質を向上させるのです。市民の皆様の不信感も払拭されるでしょう。政治家や公務員も成長できますし、政治を取り巻く環境のすべてにおいてプラスの影響を与えます。国民一人ひとりが政治に興味を持つことが、社会を変える第一歩です。

ただ、政治行政で行われている事象がネット上でアクセス可能になっているとはいえ、情報量的にも利便性的にも不十分です。それを改善するため私は引き続き「ＩＣＴ（情報通信技術）化の推進」に加え「ＵＩ（ユーザーインタフェース）とＵＸ（ユーザーエクスペリエンス）の改善」を提言し、よりわかりやすい情報の公開に努め、政治行政の見える化を図っていきたいと思います。

議員になって学んだ政治家に必要な能力

私は議員になってから、政治家に必要な能力は、大きくいって3つあると学びました。①選挙力、②政治力、③政策力。この3つであり、この順番に必要です。どれか一つが欠けても、自分の考える政策を自らが実現することはできません。また、上位能力を備えていなければ、下位能力を発揮することができません。

1番目に掲げた選挙力とは言うまでもなく、選挙を勝ち抜き、政治家としてあり続ける能力です。

政治家は常に選挙という信任テストを受け続けなければいけません。判断し、投票するのは国民です。選挙という試練をくぐり抜けた人のみ、政治家となれるのです。

この力がなければ、その現場にいることすらもできません。どんなに素晴らしいビジョンを持っていても、政治・行政の場で意思や判断を決定するための議決権を持たないのです。しかし、この選挙力のみを最重要課題とする「政治屋」的な発想は好きになれません。あたりまえの話ですが、政治家にとって政治家になることが最終目的ではなく、理想とする政策を実現することが目的であるはずです。

「族議員」「利益誘導型の政治」などという言い方があります。地元に道路を造ったり、橋を架けたり、あるいは自らの支援団体に政治的便宜を図ったり。必要なこともあるかもしれませんが、これだけでよいのでしょうか。

小さなことで言えば、たとえば地元でこんな話を聞くことがあります。

「あの先生はいつも地元にいてくれて、お祭りがあれば焼きそばを焼いてくれたり、ドブ掃除まで手伝ってくれて。この前も朝まで飲んで語り明かしたけど、ホントいい人だよ」

このようにいつも地元にいて、人の集まるところにはマメに顔を出したりする政治家には、情も絡むし、投票行動にも繋がるかもしれません。もちろんこれらの行動を否定するわけではありませんし、地域を歩いて市民の皆様とコミュニケーションを深めることは必要不可欠です。私自身も皆様の声を聞こうと誰よりも地元を歩いている一人です。

しかし、そちらを優先しすぎた挙句、本来の仕事や役割をきちんと果たせていなければ本末転倒です。たとえば、朝まで飲んで語り明かした次の日、その議員は居眠りをせずにしっかりと議会で仕事ができたのでしょうか。

政治家にとって、選挙は絶え間ない試練であり、場合によっては当人にとっての死活問題にさえなります。しかし、選挙とは国や地域を担う人材の選択の場でもあります。その観点で言えば議員は、国民の代弁者としてしっかりと議会での活動を優先することが本来的にはあるべき姿でしょう。国民が期待している政策を議会で実現するのが、議員の役割であり、使命です。有権者の皆様方にはこうした状況を理解していただいた上で、本当に自分達の生活を良くしてくれるのは誰なのかをしっかりと判断していただけたら幸いです。

2番目の政治力は、組織において世論形成を行い、多数派の賛同を得て、物事を実現させる能力です。

自分の政策を実現したいと考えても、この能力がなければ、思うように前には進みません。とくに民主主義社会のルールでは、基本的に自身の考え方を多数派にしないと、具現化できないことも多いのが実情です。

世の中には、さまざまな意見と多様な価値観があり、意見が違うからといって、子どもの頃のようにケンカばかりしていても現実は動きません。

どんなに正しいことを言っても、選挙力・政治力を持たないまま政策を推し進めようとする人は、議会内で少数派になりがちで、結果として政策が実現できないのです。

正論を唱え続けて突き進むことが、必ずしも正解への近道ではありません。最短距離と最速距離はイコールではないのです。

たとえば、ビルの10階にいたとします。なんらかの緊急事態が起こり、できるだけ早く、隣のビルの10階に行きたいと思ったとします。その時、最短距離でいえば、そのまま直線を結ぶ

神奈川県議会本会議に登壇。脱法ドラッグ規制条例の制定について黒岩祐治神奈川県知事に提案し、実現されました

ことです。しかし、ヘリコプターをチャーターする能力や橋を架けたりする特殊能力がない限りは、汗をかきながら階段で1階まで下りて、横断歩道を渡って、隣のビルまで行って10階に上るしかありません。

遠回りをしているように見えても、結果的には、それが最速で着実なルートだったりすることも大いにあり得るのです。

優先順位をつけ、手順を考えて一歩ずつ実現に向かっていく。政治力という語感には、駆け引きめいたニュアンスも微妙に含まれ、かすかにネガティブな印象もありますが、粘り強く現実を動かしていく力、またその意志と意義を意見の違う相手にも伝え、説得していく力と定義すれば、やはり政治家には不可欠な能力です。

3番目の政策力は、本来これこそが政治家やリーダーに求められる大前提の資質であり、国民が一番求める能力でしょう。

これからの時代の政治家に求められている政策力は、すでにある知識を組み合わせて新しいことを生み出す応用的なクリエイティブ能力と、問題を分解・分析して解決策を導く具現性の高いコンサルティング能力、そして激変するさまざまな新しい情報を既知の知識と組み合わせて時代のニーズに素早く対応する環境適応能力です。

そのなかで明確な将来のビジョンを示し、正しいロードマップを描く。状況を正確に把握し、想像力を働かせ、方向性、方法論、対策を組み立て、実現させる能力が政策力には必要です。

そして、政策力には、単に能力だけではなく、理想と志が裏付けされていなければなりません。

仲間であってライバル同士。議員の意外な関係性

政治の世界に入って「おもしろいな」と思ったのは、仲間が必ずしも仲間ではないということです。皆様にも自民党と民主党などの与野党で戦っているイメージがあると思いますが、それよりも熾烈な戦いを繰り広げているのが党の内部なのです。

政党は組織ですが、議員は地域から有権者の付託を受けた一国一城の主です。

政党内の議員関係というのは、呉越同舟のようなところがあります。呉越同舟は、敵同士でも利害が一致すれば協力し合うことを意味しますが、まさにそんな感じなのです。

議員が、有権者と約束した政策を実現したいと思えば、政治力が必要です。そのためには、政党の力が欠かせません。そういう意味では利害が一致しているわけです。しかし、党内で議論がぶつかる時もあります。意見がぶつかった時、自分の意見をどのように政党としての意見にするのかというのも政治家としての腕の見せどころです。

どれだけ正しいと思うことを言っても、全体の過半数の議員からの合意形成がなければ物事は前に進みません。正しいことを論理的にしっかりと伝えれば、合意形成はついてくると勘違いをしていた甘ちゃんの私にとっては、大きなカルチャーショックでした。

「義理人情」「貸し借り」「一事が万事」「分断と結合」「余計なことは言わない」「発言には背景がある」「口に出した約束は守る」などある意味あたりまえのことですが、人間関係が物事を動かす議員同士の世界ではこうしたことがとくに重要になります。

自分がやりたい政策を実現するためには、周囲からの「この人が言うなら」という評価をしっかりと確立していかなければなりません。

また、党内部の役職も限られています。席の数が決まっているわけです。議長になれる人や、役員になれる人はごく一部。その席を巡ってしのぎを削っています。だから、協力し合っているように見えても一枚岩ではない部分が見え隠れするのです。

同じ政党でも、自民党はそのへんの采配がうまい。侃侃諤諤《かんかんがくがく》（＝自分の考えを遠慮なく言う）と議論はしますが、党として意思決定したことには、すべての人が従う風土があります。なかにはその決定が間違っていると思っている人もいますが、従うのです。だからこそ、どういう形にしろ前に進んでいきます。落としどころを見つけ、妥協するということを知っている人達なんだと思います。

しかし残念ながら、民主党という政党では、それが必ずしもできていませんでした。真面目すぎるくらい真面目で意志が強固な人が多かったので、決定前にも激しく議論しますが、決まってからも自浄作用を働かせようと、おかしいと思っていることはおかしいと言い続けるのです。それに対抗して執行部も強行に物事を進めていった結果、一つの方向性にまとまって進めないことがたびたびありました。だから多くの人には、「民主党は何をやっているんだよ」と見えてしまったのだと思います。

こうした環境なので、先輩から一つひとつ丁寧に指導をいただきながら何かを覚えるというような場所ではなく、党や会派全体に迷惑をかけない最低限の基礎的なルールのみを教えてもらい、後は先輩達の仕草を見取り稽古的に一挙手一投足に至るまで見様見真似で学びました。

先輩でとくに参考にしたのは、齋藤健夫さん、滝田孝徳さん、近藤大輔さん、長友克洋さん、寺崎雄介さんの政局感、政治的な動き、思考の深さなどでした。また政策は、会派は違いましたが、小川久仁子さん、敷田博昭さん、菅原直敏さんから多くのことを学びました。挙げれば他にもキリがありませんが、党派を超えて神奈川県議会の多くの先輩同僚からたくさんのことを学ばせていただきました。

マニフェスト大賞で最優秀政策提言賞を受賞

手前味噌な話で恐縮ですが、私は、2012年マニフェスト大賞で最優秀政策提言賞をいただきました。これは全国の超党派の議員の中で、その年に一番優れた政策を提言した議員に贈られるものです。その時に提言したのは「新世代における地方自治体の未来モデル構想」でした。そのなかで提案し、実用化されたものに「リバースオークション」があります。

現在多くの自治体の財政は困難な状況にあります。神奈川県も例外ではありません。それどころか、「緊急財政対策」を打ち出さなければならないほどの危機に直面していて、ムダな支出をカットしなければならない場面です。

こうしたムダな支出を劇的にカットできる方法が「リバースオークション」です。

従来から国や自治体は、調達を行う際に相見積もりをとるなどはしていましたが、アナログ的な交渉の場には、前例や慣習、関係性など、私情の入り込む余地があります。必ずしも最適価格でなくなっていたのです。

そのなかで採用された「リバースオークション」とは、簡単に言えば、買い手が売り手同士を競わせて売値を下げてもらい、一番安い売り手を選定し、そこから調達を行うオークションのことです。

具体的には、国や自治体が何か物品を購入したい時、公平透明な場で業者同士が公開の競り下げ方式の入札競争を行い、最も安い業者から買うというものです。家計や組織で考えても、ごくあたりまえの発想です。

通常のオークションでは、売り手が買い手同士を競わせて一番高く買ってくれる人や業者を選定するので、その逆で競り下げ入札、リバースオークションと言われます。

すでに政府も取り入れ、平均で約17％、神奈川県では平均20％前後のコストダウンが実現しました。

たとえば、相模三川公園の太陽光パネル設置費用においては、当初予定価格の49・9％オフ。約半額という劇的な効果をもたらしました。現在ではトータル約20億円の予算を捻出できたと聞いています。

私には、仕事において自分が組織から受け取っている報酬よりも定量的な成果を出して役に立ちたいという想いがあったので、少しホッとしました。

　このように、私の政策提言は多くが採用され、形になっていきました。約4年間で100件以上の政策提言をし、その80％以上が前進・実現へと向かいました。このリバースオークションも、マニフェスト大賞で社会的注目を浴びたからこそやりやすかったとも言えます。

　実際のムダや非効率は、あまり注目されていない部分にも潜

六本木アカデミーヒルズにて、マニフェスト大賞最優秀政策提言賞受賞の挨拶

んでいることが多いものです。大きな組織であればなおさら、その内部変革には時間とエネルギーが必要です。

政治家は、行政のチェック機能を担っています。だからといって、いつもそのアラ探しだけをしているわけではありません。本来、政治と行政はお互いにPDCAサイクルを回しながら、時には侃侃諤諤の議論を行い、時には一致団結して、一体となって将来のビジョンを作り、実現させていかねばならないのです。

こうした私の推奨する行財政改革の手法を国でも徹底して活用することができれば、数兆円規模の予算捻出も夢物語ではなく、実現可能です。

第3章

国政を目指す

県議会の1年生議員が衆議院議員選挙を目指す

2014年12月に第47回衆議院議員選挙が行われました。その1年ほど前のことです。次の選挙で出馬すると目されていた首藤信彦さんが民主党の公認を受けることができず、離党してしまいました。私にとってはお世話になった方だったので、とても残念でした。

衆議院議員選挙で私の所属する選挙区は、横浜市港北区と都筑区をカバーしている神奈川7区。首藤さんの離党で、神奈川7区では民主党の衆議院議員候補となる総支部長のポストが空席になってしまいました。それで、地元では「どうしようか」ということになったのです。

私の選挙区で一番のベテランは、県議会議員の先輩であった計屋珠江さんでした。

このような場合、本来は計屋さんのような大先輩に衆議院議員候補になっていただくもので、現に一部の議員からもそうした声が上がっていました。また当時、横浜市港北区選出の市会議員を3期務め、地元の有権者の皆様が「中谷くんは彼を見習いなさい」と言うほどの誰もが一目置く先輩がいました。大山正治さんです。年齢も40代半ばで脂が乗っている時期ですし、人柄も良く、しっかりと地に足をつけた政策を持っている方。私は、大山さんが候補になるものだと実は思っていました。

そんなある時、大山さんに呼ばれました。

「中谷さん、ちょっと話せますか？」

私はすかさず「もちろんです」と応答し、二人でお茶を飲みに行きました。大山さんはこう切り出しました。

「首藤さんの離党で、総支部長が不在になっちゃったから、次の総支部長をどうしようかと考えているんだ」

「私も同じことを考えていました」と言うと、大山さんから思いもよらない言葉が飛び出しました。

「俺は、中谷さんがいいと思っているんだ」

正直、驚きました。

「いやいや私じゃなくて、大山先生こそ総支部長になるべきじゃないですか」

すると大山さんは、「その気はまったくない」と、はっきりした口調で言いました。

しかし、地元から候補を出せなければ、民主党の本部から落下傘のように候補者が降りてくることになります。それでは、地元の仲間達も本気で応援できません。大山さんもそれを気にしていました。

そして大山さんから、「中谷一馬が100点の候補者だとは思わないけど、人の話は素直によく聞くし、よく頑張っている。もし決断するんだったら俺は応援したいと思っている」と言っていただいたのです。

ただ、私も当時は県議会議員でしたから、立候補するためには辞職しなければなりません。国政で落選すれば職を失ってしまいます。自分の収入がなくなることはもちろんですが、抱えているスタッフまで路頭に迷うことを考えれば、簡単に決断はできません。落選後にもう一度、県議会議員選挙に出るという方法もないわけではありませんが、応援してくれた人から見れば、「おまえふざけんな！　落選したから戻るってなんだよ」ということに普通はなってしまいます。

実際、衆議院議員選挙で私と戦った維新の党の候補者は、横浜市会議員でしたが、選挙で落選し、次の地方選挙で市会議員に返り咲きました。維新の党内では、市会議員に戻らない不退転の覚悟で国政を目指すから応援してほしいと息巻いていたことで、議会からも地域からも相当な反発を受けていたという話を聞きました。

私の県議会議員時代の選挙区でいえば、同じ選挙区で4人が当選する選挙区です。となると、同じ党から候補が2人出ることもあります。そうなると身内同士で戦わなくてはなりません。

衆議院議員選挙では、そのライバルだった身内の人達からも支援者を紹介していただいたり、応援をしてもらったりするわけです。ある意味、その人達の票を分け与えてもらうということにもなります。それがまた、ライバルになるということになったら、納得できないのは当然です。私には、その状況で県議会議員に戻るという選択はできません。地方議員から国政を目指すには、それだけの覚悟がいるのです。

そんなこんなで、いったん持ち帰らせていただき、どうしようかと思い悩んでいる時、噂を聞きつけて声をかけてくれた先輩がいました。横浜市都筑区選出の県議会議員であった山口裕子さんです。

「あなた、総支部長に名乗りをあげようか悩んでるんだって!?」

なんでその話を知っているんだと驚きながらも、「そうなんです」と答えると、山口さんはレオナルド・ダ・ヴィンチが言ったとされる言葉を引用して、「幸運の女神には、前髪しかない。うかうかしているとチャンスが通り過ぎるわよ。チャンスを摑むのは一瞬。決断するなら私も応援してあげるから、頑張りなさい」と強く温かい言葉をかけてくださいました。

地方議員から国会を目指すことは、どんな状況でも非常に難しい決断です。

私の場合でいえば、「1期生で国政なんてまだ早いだろう」とか「30歳ではまだ若すぎる」など周囲の方からご指摘をいただくこともありました。

しかし、周囲の先輩達の中で、3期から4期地方議員を務め、年齢も40代の一番脂が乗っている と言われる時期に、本人は国政を目指したい気持ちがあるにもかかわらず、上に現職の国会議員がいて出られないという光景を私も目の当たりにしてきました。そんなことを考えながら、「無謀でも、背伸びをしても、チャンスが目の前に来たのなら背を向けたくない」という想いが日に日に強くなりました。

そして、「ここでやらなきゃいつやるんだ。やらずに後悔するよりも、やって反省する方が次に繋がる」そう決心した私は国政への道に向けて歩き始めました。

まずは、港北区・都筑区の同じ総支部の仲間である県議会議員の計屋珠江さん、山口裕子さん、横浜市会議員の川口珠江さん、大山正治さんに、総支部長を目指したい意向を伝えました。最終的にはおおむね了承をいただくことができました。しかしながらこれで決まるわけではありません。

総支部の中で方向性を決めたら、まずはその意向を神奈川県連に伝えます。そして、県連で審査をしていただいた後に本部へ上申し、本部が「中谷でいいよ」ということになって初めて、総支部長の決定と次期衆議院議員選挙の公認がもらえるのです。

総支部から県連・本部への公認申請

私はまず、神奈川県連の幹事長を務めていた滝田孝徳さんに、国政を目指したい旨を伝えに行きました。滝田さんは一見強面なルックスですが、仲間達を常に気遣う繊細さと義侠心を持ち合わせた、私が最も尊敬している先輩の一人です。

しかし、その滝田さんも最初は厳しい反応でした。「俺は、中谷先生が国政を目指せるほど政治家として成熟しているとは思えない」とハッキリ言われました。

それでもなんとか滝田さんに認めていただかなければならない。そんな想いで何度か滝田さんに話を聞いていただき、いろいろな話をすることができました。

私もありったけの想いをぶつけました。すると滝田さんが、「国を変えたいという明確なビジョンと、多くの人々のために尽くす覚悟があることがわかった。俺は中谷先生のことを応援するよ」と言ってくれました。

滝田さんは、いいかげんな口約束はしない人です。一度口にした約束は必ず守り、実行する人であり、「応援する」の言葉通り、その後は、本部がスムーズに公認をしてくれるような仕掛けづくりや段取りなど一貫して全面的に支援してくれました。

政治家としての立ち振る舞い、政局の見方や対応の仕方、わかっていなかった政治のいろはを教えてくれた滝田さんには、今でも心から感謝しています。

そして、滝田さんから神奈川県連の代表を務めていた参議院議員の金子洋一さんに話を通していただき、金子さんからも応援をいただけることになりました。

県連から本部に公認申請の上申を行う際には、神奈川県連の選挙対策委員会での採決が必要になります。

私の公認申請が議論された時にも、議員の先輩方が、「中谷ではダメだ。まだ早い」という趣旨のことをおっしゃったと聞いています。そんな状況でも「地元総支部も中谷で一致しているし、よく頑張っているから中谷でいこう」と押し切ってくれたのが金子洋一さん、滝田孝徳さん、そして相模原市議会議員の鈴木秀成さんでした。この方々には感謝してもしきれません。

こうしてようやく私の公認申請は県連から本部に上申をしていただけることとなりました。

私が公認申請を行った当時は、元国土交通大臣の馬淵澄夫さんが党本部の選挙対策委員長を務めていました。現在も大変お世話になっている方で、とても尊敬している人物です。

その馬淵さんが公認前に地元に足を運んでくださり、「中谷くんの活動はどうですか、ちゃんとやっていますか」という総支部メンバーへのヒアリングに加え、活動内容を確認してくださいました。その上で公認する条件が提示されました。

・100時間の街頭活動
・5000軒の支援者宅訪問

馬淵澄夫衆議院議員と

・政治活動用ポスター200枚の純増

これを2か月以内に行うことができれば公認を出すという内容です。相当高いハードルで、普通に考えれば達成が容易な目標ではありません。それでもやるしかないので、必死で頑張りました。

そして、なんとか目標を達成し、馬淵さんもそれを見て「じゃあ中谷でいくぞ」と決定してくれました。最終的にやっと公認候補となることができたのです。

私が衆議院議員選挙に挑戦をしようと思ったのが、2013年末のこと。そして正式に公認が出たのは2014

年の9月16日です。結局、1年弱かかったということになります。長い道のりでしたが、やっとスタート台に立てた、そんな時期でした。

解散総選挙は突然に

解散総選挙はすぐにやってきました。

2014年11月上旬、野田内閣で総理大臣補佐官を務めていた手塚仁雄さんから電話があり、「野田佳彦前首相から、解散があるから準備を始めなさいと連絡があった。間違いなく選挙だからお互い頑張ろう」と連絡をいただきました。

そんなに早く選挙があるとは思っていなかったのが本音です。2015年の夏か2016年の春夏あたりが本命だろうと考えていたので、それを前提に準備を始めるつもりでした。

仲間達も「俺達の統一地方選挙の方が先なんだから、できる限り党や議会の仕事のサポートを頼むぞ」というような感じで、政党や議会での仕事も溢れるほどでした。

党務は、青年委員会、広報委員会、IT戦略対策本部の仕事に総支部運営。議会では常任委員会、特別委員会、政務調査会、総務会、決算特別委員会、審議会、本会議での質問。だいたいの方が党務を1つから2つ、議会で2つから3つくらいの仕事を年間に受けるような中で、倍以上のタスクボリュームでしたから、選挙対策どころではなくアップアップでなんとか仕事をこなしている、そんな状況でした。

巷では「解散するなんてあり得ないだろう」「大義も理由も何もないし、なんのために解散するんだ」「解散する確率は1割もない」と言う人もいた状況下で、安倍総理が突然解散を決め、いきなり選挙になりました。

こうした状況でてんやわんやになり、今までやっていた仕事を引き継がなければならない上に、選挙の準備も急ピッチで始めなければなりませんでしたが、それもなかなかうまくいきません。当時幹事長を務めていた枝野幸男さんが地元で数百人の聴衆を前に応援弁士として駆けつけてくださった時にも、神奈川県議会運営委員会の副委員長を務めていた先輩議員からは「本部から幹事長が来るからといって、議員が自分の仕事を人に任せるなんてとんでもない。どうしても行くなら議員辞職してから行け」と指導をいただく一方、党本部の選対職員の方からは「お前の応援にわざわざ幹事長が来てるのに、なんで主役のお前が現地にいないんだ」と叱られる始末。神奈川県議会でも民主党内でも一番下っ端の若僧が衆議院議員選挙の準備をするということの厳しさを切に体感する日々でした。

あの当時、民主党の代表が海江田万里さんで代表代行が岡田克也さん。そして岡田さんが選挙実務を担当されていました。

衆議院議員選挙の活動期間はわずか3か月しかなかったのですが、感触は悪くありませんでした。私を支えてくれていたスタッフも、議員団も「しっかりと活動をすれば勝てる」と考えていたと思います。

しかし、政治の世界というのは、投票箱を開けるまではわからないという言葉に尽きますが、最後までやはりわからないものです。

衆議院選挙は、小選挙区比例代表並立制という仕組みになっています。これは非常に難しい制度です。小選挙区では当選する候補者は1人ですから、相手候補以上の支持がないと勝てません。

そして票をまとめようとするわけですが、神奈川7区の場合、有権者数はおおよそ43万人です。投票率を加味すると約23万票を争うことになります。そのうち、比例代表の政党別得票数は、自民党の票が約7万8000票、公明党の票が約2万1000票。およそ10万の票が与党票として確定しているわけです。

その票を相手に戦うことになりますが、当時の民主党の票は約3万9000票。維新の党は約4万4000票。後は生活の党や社民党などを合わせてやっと10万票程度です。

選挙では、当選者の得票数に対する落選者の得票数の比率を惜敗率といいます。衆議院議員選挙では、小選挙区に加え、比例代表という制度があり、候補者は両方に立候補することもできます。

そして、政党は比例代表候補の名簿を作成し、比例代表で獲得した議席数を基に名簿の上位から当選を決めていきます。この名簿では、複数の候補者を同じ順に並べることができます。同順位に複数の候補者がいる時、民主党の場合には、小選挙区での惜敗率が高い順に当選となるのです。

万策を尽くさぬまま、窮地に追い込まれる

小選挙区の衆議院議員選挙では、基本的に与野党の構図がとても重要です。当選者が1人なので野党の票が割れないことが大事なのです。ですから、選挙区の調整が重要であることを私も政治家として誰よりも認識していたはずなのですが、結果として大甘だったのです。

維新の党の方々に選挙が始まる前に一度、仁義を切りに行った方がいいのではないかと考えました。選挙区調整が行われるのであれば、「中谷でいいんじゃないか」と言ってもらえるようなアプローチをしっかりと行うことが最善だと考えたからです。

そのことを最初は、民主党本部の選挙対策委員会の担当職員に相談しました。すると、「そんなこと、おまえが気にするな！　それよりもとにかく地域を大事にしろ、しっかりやれば勝てる可能性がある選挙区なんだから地域活動をきちんとやれ。そういう整理は本部でやるから心配するな」ということでした。

「そう言われてみれば、そうかな」と、当時は思いました。たしかに情勢調査の数字は悪くないし、党本部で民主・維新の候補者を一本化してくれるのであれば、党勢の変化によっては、小選挙区で当選を狙えるか狙えないかのラインにいるので、その言葉を信じて地元を回ろうという判断をしたのです。

だから、「1分でも長く街頭に立って、1軒でも多くの支援者宅を回って地域活動をとにかく強化しよう」と戦略を切り替えたのです。

しかし、結論からすれば、それが大失敗でした。

岡田克也さんと江田憲司さんが話をして、民主党と維新の党の候補者は住み分けるという路線で本部レベルでは話が進んでいました。しかし地元ではスムーズに話が進まず、神奈川6区の青柳陽一郎さん（維新の党）の選挙区に、三村和也さんを擁立しました。三村さんはもともと神奈川2区という菅義偉官房長官の選挙区で戦っていた民主党の衆議院議員でしたが、出身地である6区に戻る選択をしました。

神奈川6区は、小選挙区制度が始まった1996年から民主党が議席を持っていた地盤であり、地方議員も多く存在する地域だったので、地元では選挙区を譲るなんてあり得ないという反発も強くありました。そして民主党神奈川県連では地域の意見を優先し、三村氏の擁立を決めました。

しかしながら、維新の党としては現職衆議院議員で県連代表である青柳さんの選挙区に対抗馬をぶつけられているわけですから、容易に事は収まりません。

そこで白羽の矢が立ったのが神奈川7区の私の選挙区。この擁立がきっかけで、私の選挙区である神奈川7区には、豊田有希さんが横浜市会議員を辞職し、維新の党から出馬することになりました。

残念ながら神奈川7区における党本部同士の交渉は決裂しました。

衆議院議員選挙は与野党の構図が勝敗を大きく左右します。

構図の部分を徹底的にケアしなければいけないという基本中の基本を怠った結果、構図を崩し、窮地に追い込まれるような状況を作った自分を責めました。

自分のような末端の人間が仁義を通し、挨拶に行っていたとしても結果は何も変わらなかったかもしれません。ただ、万策を尽くしたなら納得もできますが、自分の甘さで策を尽くしきれずに不利な状況を作ってしまったことは、今でも強く反省しています。

自分のとった行動に責任を取れるのは自分しかいない。そんな教訓を痛いほど実感して学びました。

衆院選に落選。前を向く以外の選択肢はない

しかし、戦いの時は目の前まで迫ってきていました。

クヨクヨもしていられないので、自分の信条でもある「いちいち反省すること、そしていちいち後悔しないこと」という言葉を胸に、気持ちを切り替えて選挙戦への道を進み始めました。

結局、衆議院が解散したその日に、私と同じ選挙区から維新の党の方が出馬を表明しました。

選挙戦は、数え切れないほどの仲間達が必死になって応援してくれました。また多くの支援団体の皆様にもボランティアでご助力をいただき、とても活気と勢いのある選対だったと思います。支えてくれた仲間達には感謝してもしきれないほど、お世話になりました。

しかし結果としては、民主党の私の得票が約5万票、維新の党の候補者の得票が約4万票と、野党の票がきれいに半分に割れました。

そして、私は衆議院議員選挙に敗北しました。

●与党候補者得票率（降順）

与党候補者	所属党派	得票数	得票率	得票率順位（自公内）	野党候補	野党当落
山本ともひろ	自民	61,479	32.5%	18 ワースト1	無（浅尾）	当
ふくだ峰之	自民	73,032	34.2%	17 ワースト2	維新（江田）	当
中山のりひろ	自民	59,991	35.2%	16 ワースト3	民主（笠）	当
上田いさむ	公明	78,746	39.9%	15 ワースト4	維新（青柳）	比
やまぎわ大志郎	自民	86,869	40.0%	14 ワースト5	次代（中田）	落
星野つよし	自民	83,327	42.4%	13 ワースト6	民主（阿部）	比
鈴木けいすけ	自民	101,088	44.4%	12 ワースト7	民主（中谷）	落
義家ひろゆき	自民	101,627	45.2%	11 ワースト8	民主（後藤）	当
あかま二郎	自民	109,408	47.2%	10 ワースト9	民主（本村）	比
さかい学	自民	112,963	47.8%	9 ワースト10	維新（水戸）	比

※ワースト11以下（8位以上）略

多くの支援者の皆様からご支援をいただき、私達の持てる力を正々堂々120％すべて出しきりましたが、自分の力不足で政権与党の高い壁を乗り越えることができませんでした。

当選したのは自民党候補で、得票数は10万1088票。私は次点で5万511票を獲得しました。民主党の比例票が3万8000票でしたから、それよりも1万2000票ほどを上積みできた計算ですが、自民党候補には届きませんでした。

仮に「自民党候補」対「民主党候補＋維新の党候補」で戦えていたならば、票数でいうと10万票対9万票、惜敗率は89・5％という状況。他の野党まで含めれば、神奈川7区では結果的に55・6％の票が野党に入っていました。

当選した候補者は、44・4％の票を獲得するという結果でしたが、自民党候補者の得票率としては18選挙区中12位（ワースト7位）。18選挙区中11位（ワースト8位）の自民・義家弘介候補を対抗馬とする後藤祐一候補までが野党候補として小選挙区で勝利。また、得票率が18選挙区中9位（ワースト10位）までの自民候補の選挙区では、維新の党と競合した18区の中田宏候補（次世代の党）と7区を除き、すべて野党候補が当選（比例復活含む）を果たしていました。

また選挙結果で言えば、民主党では、惜敗率が67・3％、維新の党では50・1％の方までは比例復活で当選を果たしていました。そういう意味では十分に勝機のある選挙区でした。

民主党神奈川県第7区総支部での選挙総括においても、「このような結果からも明らかな通り、今回神奈川7区の主たる敗因は維新の党立候補による野党・無党派票の分散によるものであり、野党候補の一本化が実現していたならば、比例復活での当選の可能性の高い戦況であったと判断する」という考察がなされました。

「もし野党の一本化ができていれば、もう少し違う結果になっていたかもしれないね」と多くの方に激励をいただきました。

その一方、神奈川県議会の先輩だった相模原市緑区選出の長友克洋さんからは、「一本化されていたら比例復活での当選の可能性があったなんてちゃんちゃらおかしくて笑っちまうよ。そもそも小選挙区で勝てる準備もできてない奴が国政に挑戦してること自体が甘い。勝負にもしもなんてことはない。比例なら受かっていたかもしれないなんて恥ずかしいこと外で言うもんじゃねぇよ」という趣旨の叱咤激励をいただきました。悔しいけれど、長友さんのおっしゃっていることが勝負の世界に生きる者にとっては正論。

そして、勝ち上がろうと思うなら、次の勝負に向けて前に進んでいくしかないのです。

「背伸びをしていた自分達の等身大の姿が見えたことで、やるべきことが明確になった意味のある敗戦だった」そんなことを自分に言い聞かせながら敗北を静かに飲み込みました。

落選翌日から駅頭に立って活動を再開

すべての私財を投じて挑んだ衆議院議員選挙で、当選の夢は木っ端微塵に打ち砕かれました。

投開票日の落選が決まった時、いつもほんわかとした笑顔がトレードマークの川口珠江さんが、「勝てると思っていたんだけどね」と呆然とした表情で困惑し、事務総長として選挙戦を支えてくれた大山正治さんは、「勝たせてやれなくてごめんな」と涙を流しながらその場にたたずんでいました。先輩に涙まで流させてしまったことが、何より悔しく本当に情けない想いでした。

ジャンルはまったく違いますが、スポーツ界で日本代表を背負って戦う人の気持ちが少しだ

けわかった気がしました。多くの人からの熱い期待と応援に応えられなかった現実は、仮に罵声を受けても、生卵をぶつけられても、謹んで受け入れるしかなく、申し訳なさと悔しさで一杯でした。

自分が負けてしまったことに対しても、もちろん悔しさはありますが、それよりも人の期待に応えられなかったということが何よりもつらく悔しかったのです。

私は、人の想いを背負った勝負に負けるということは、こんなにもつらく悔しいことなのかということを学ばせていただきました。

「中谷が勝てば政治が変わるんじゃないか」「暮らしが良くなるんじゃないか」「抱えている問題が解決するんじゃないか」そんな希望を持って、ともに戦ってくれた人、票を投じてくれた人の期待をムダにしてしまった。自分の力量不足が多くの人の期待や希望を打ち砕いてしまった。こんなにも悔しい想いは、もう二度としたくない。心からそう思いました。

ただ、唯一の救いは、負けた後もスタッフや支持者のみんなが支えてくれたことでした。

一般的に落選した候補者の選挙事務所というのは、人が去り、お葬式みたいな雰囲気になります。皆様もテレビで見たことがあるかと思いますが、落選が確実になると、候補者が「私の力不足で負けてすみません」という趣旨の挨拶をすることが多くあります。

私の場合も、50人くらいの人が事務所に来て、夜中の終電間近までテレビに齧り付きながら当落を見守ってくれていました。夜中の12時くらいにこれはどう考えても当選できないという段階になって、敗戦の弁を述べさせていただきました。

こういう時の候補者は、勝った時には「実るほど頭を垂れる稲穂かな」。嬉しい気持ちに思い上がらず、より謙虚でなくてはなりません。一方で負けた時には、どれだけつらくても哀しくても誰よりも元気で明るく振る舞う必要があります。候補者本人が苦しい顔をすると周りの人達をより哀しませてしまうからです。

落選してしまいましたが、多くの支援者、スタッフが最後まで事務所に残って応援してくれました

世の中のため、人のために、役に立ちたいと思って国政を目指し、それに期待して集まってくれた仲間。その人達への恩返しもしないまま、その人達の想いを政界に届けられないまま朽ちていくことは、私の中では、到底受け入れ難いものでした。

「落選したからといって、このまま終わるわけにはいかない」

私は、落選しても諦めずに成果が出るまでやり続けると決めていました。

「次こそはみんなの期待に応えたい」

震える手を強く握りしめ気力を振り絞って、「明日の朝からしっかり駅頭に立って、次の衆議院議員選挙に向けて頑張りたい。また、力を貸してください」と、そんな挨拶をしました。

そして私は、また次の日から駅に立ち始めました。

それを見た多くの地域の人が私に声をかけてくださいました。

「次も頑張れよ！」「一票入れたよ」「諦めんなよ！」「元気出せよ」「うちは家族でずっと応援してるからね」時には涙を流しながら、手を握りしめてくださる方もいらっしゃいました。

人の温かさに触れ、次回は、必ず勝ち抜いてご恩返しできるように頑張らなきゃいけない。

野党に票を投じた55・6％の人の想いを政界に届けるような政治ができなかったら、私はこの人生にやっぱり悔いが残ると思いました。

次こそは、「現政権に変わる新たな選択肢を求める方々の想いに応えたい。いただいた5万511票の想いを胸に、雑草魂でまた走り出そう」そう決意をして、次への一歩を踏み出しました。

落選中の政治家はつらいよ

選挙後は、仲間達と本当に大変な思いをしました。

少し話が脱線しますが、当時、真剣に結婚を考えている恋人がいました。私が神奈川県議会議員に立候補をした時に別れた彼女で、話し合いを重ねた末に結婚を前提に再び付き合うようになっていました。そして、その年のクリスマスにプロポーズをしようと考え、婚約指輪を作りに行って、レストランを予約して、準備を進めていました。

衆議院議員選挙の公認をもらうことができて、彼女とも順調。順風満帆の有頂天だった状態が、突然の解散総選挙に敗北し、落選。プロポーズどころではなくなりました。

県議会議員を辞めて私自身、収入がなくなり、一緒に頑張ってきてくれたスタッフも職を失いました。明日からどうやってご飯を食べていくか、という状態で、結婚どころではありません。

私自身も、まずは支えてくれた仲間達の仕事探しからスタート。家族を養っていかなければならないのに、私が落選したせいで仕事がなくなる人達がいたので、そのフォローを最優先で行いました。

また私自身も、残って一緒に政治活動をしてくれる仲間達とどうやってご飯を食べていこうかと模索する、そんな日々でした。

支えてくれたスタッフは、幸い、全員が就職することができました。それで私も少しだけ肩の荷が下りました。

政治の世界では、「人」「物」「金」は自分で集めるのが政治家の器量だとも言われます。

言うは易しですが、簡単なことではありません。お金持ちの二世、三世ならいざ知らず、とくに私のような地盤・看板・鞄など何もない新人が政治の道を目指すことはとても困難で参入障壁が高いのです。

結局、この問題が解決できずに、政治家を諦めざるを得ない人が多いのも事実です。私の周りにもそんな人が多くいました。残念なことですが、現状ではどうにもなりません。

こうした仕組みも自分が当選して現職になることができたら、どんな境遇・環境にいる人でも政治に挑戦できるように整備を行いたいと思いました。

そんな時に、学生時代からの友人であったシビラの藤井隆嗣くんがこんなメッセージを送ってくれました。

〝疾風に勁草を知る〟

この言葉は、中国の古典『後漢書』に書かれている、激しい風が吹いて初めて、強い草が見分けられるという意味です。つまり、苦難・困難にぶつかってこそ、その人の〝芯〟の強さがわかるという教えです。

〝得るものがあれば、失うものもある〟

このような、まさに人生の岐路を迎えているんだなと感じています。

ただ、かくありたいと願う将来があり、それに向けて努力した結果の今があるなら、何を憂うことがあるのでしょうか。将来を見据えた努力と苦悩のない人生に大成はありません。

挑戦してうまくいかないことや失敗してしまうことは、これからの人生においても幾度も訪れると思います。

そしてこういった逆境の時期こそ「器量」が試される時だと思います。

こうしたつらい時期をどのように過ごして、どのように乗り越えて、そしてどのようにまた突き進んで行くのか、まさにここからが一馬くんの勝負どころだと思います。

まず、今まで支えてくださった方々に感謝し、報恩の気持ちを忘れず、一人一人誠心誠意誠実にお礼をすることが大切です。

そしてあまり自分を追い込みすぎず、流れを受け入れ、楽しむ余裕を持ってください。

過去に行った事象を変えることはできませんが、過去の意味を変えることはできます。

過去に学んで、今日を生き、未来に希望をもちながら、反省しても後悔せず、憂鬱になっても手だけは動かす、最後に成功するのはそんな人だと思います。

自分が夢から逃げなければ、夢は逃げません。

偉大な人の選んだ道が正解なのではなく、偉大な人は選んだ道を正解にするのです。

正しくても間違っていてもがむしゃらに努力をする一馬くんを俺は仲間として支え続けるし、つらい時期だからこそできることがあれば力になりたいから、遠慮なく頼ってほしい。

俺はいつもいつまでも一馬くんの仲間であり味方です。


涙が出るほど、ありがたかった。

政治は一人で行うことはできません。こんな仲間達に支え続けてもらったからこそ今があるのだと、あらためて実感しました。

民進党の結党

落選してから、1年と数か月が経過した2016年3月。

民主党と維新の党の江田憲司さん達のグループが合併し、そこに改革結集の会という、重徳和彦さん達がいたグループの一部の人達と無所属の議員が合流。民進党が立ち上がりました。

岡田さん、江田さん達が中心的に議論を進め、民進党が結党されたわけですが、江田さんといえば、もともとは維新の党の代表。維新の党は江田さんと橋下徹さんの2枚看板の政党でスタートし、野党第2党の中心であった超大物政治家です。

そんな江田さんですが、実は私とは選挙区がお隣同士。民主党の時代には、隣に他党の党首がいるわけですから、若輩の私的にはとても難しい選挙区でした。そして面識もなく、私が一方的に江田さんを知っている状況だったのでなおさらです。

そんなこんなで、民進党が結党されてどうなるか不安がありましたが、結果としては非常にプラスでした。

民主党時代は、残念ながら野党が分散している雰囲気がありましたが、野党が一本化していく流れとなり、息を吹き返した状態がこの時にはありました。

現に京都3区の補欠選挙は、自民党が不出馬で、泉健太さんが圧勝し、北海道5区の補欠選挙も池田真紀さんが自民党のとても強い地域で惜敗率90%の善戦。私も各選挙の応援に行きましたが、勢いが出たことは間違いありませんでした。

そうした中、神奈川県議会の私の同期であり、江田さんの秘書であった赤野孝之さんが間に入ってくださり、江田さんとの会食が実現しました。江田さん、赤野さん、私の選挙区で江田グループの横浜市会議員である望月高徳さん達と食事をしました。会食では、これから一緒の党でやることになるからよろしくね、という趣旨の話をいただき、江田さんと同じ党でできることに心底ホッとしたことを覚えています。

そしてこの江田さんとの出会いは、私にとって転機でした。落選期間中にもかかわらず、勉強会に呼んでいただいたり、江田さんの会合に現職議員と一緒に参加させていただけるようになり、とてもお世話になりました。

隣の選挙区である江田さんや青柳陽一郎さんと一緒の政党で活動できることとなったのは、極めて大きいことであり、結果として当選の原動力に繋がったと感じています。

職務と家族との絆の狭間で

個人的なことで恐縮ですが、2016年6月末、母が膵臓がんの手術をしました。母がとても心優しい男性と再婚し、やっと家族のためではなく、自分のための人生を歩んでもらえるんじゃないかと、ホッとしていた矢先の出来事でした。

当時57歳の母にとっては、あまりにも早すぎる大病でした。

手術を受ける頃は、ちょうど衆参ダブル選挙があるかもしれないということで、私自身は忙しなく地元を飛び回っていた時期です。

私が見舞いの電話をすると、母はこう言いました。

「こんな時期に、私の看病に来られた方が気になるから、来ないでほしい。大切な時に身体を壊して手伝ってあげられなくてごめんね」

こんなことを言わせてしまう自分自身が情けなくなりました。

その後、私の衆議院議員選挙がなくなり、参議院議員選挙だけが行われることが確定しました。しかし、大激戦の選挙区であった神奈川県の参議院議員選挙。民進党は、金子洋一さんと真山勇一さんの2名を擁立し、2人当選が最重要課題でした。金子さんは、私が衆議院議員選挙の公認を得る時にお世話になった大恩のある方であり、真山さんは、人柄的にも政策的にも共鳴できる素晴らしい人物でした。

その状況に母は、「私のことはいいから、お世話になった人への恩返しをしっかりしなさい」と気丈に振る舞いました。義理、人情、礼儀をとても大切にしている母らしい言葉でした。

そして私は、後ろめたさを胸に抱えながらも、なんとか二人を当選させたいという想いで、参議院議員選挙に集中し、必死になって汗をかきました。

母の看病は家族に任せっぱなしとなりました。見舞いに行ったのは、結局、母の手術日のみとなってしまいました。

また約7時間にも及ぶ手術ということもあり、手術中は選挙区へ新幹線でとんぼがえりをし、選挙応援をした後、術後に合わせてまた静岡がんセンターに戻るというようなスケジュールでした。

母は、胃と膵臓の3分の1と胆嚢、十二指腸を全摘出する大手術を受けました。死に至る危険がある手術にもかかわらず、手術室に入る前、母はできる限り心配をかけたくないと思ったのか、

「一馬、りんごもらったから食べる？　剝いてあげようか？」

「病院の1階にあるパン屋さんのパンが美味しいから買ってきてあげようか？」

と普段と変わらずに振る舞っていました。

体調がそれどころではない中で、息子を気遣う母の姿に愛情を深く感じました。

そして、母が手術室に入る時、

「一馬、手を握ってもいい？」

私は「もちろん」と手を握りしめました。

その後、母から紙袋を手渡されました。

「これ、後で一人になった時に見てくれる？」

私はなんだろうと思いながら、駅に向かうバスの中で紙袋を開くと、そこに入っていたのは、エンディングノート（遺言状）でした。

綴られていたのは、私や義父、妹など家族に向けた感謝の言葉や自分が息を引き取ったら連

母が手術を行った静岡がんセンター。上坂克彦先生に執刀していただきました

絡してほしい人のことなど人生の最期になるかもしれないという想いが切々と伝わる文面の数々でした。

母はどんな感情を抱いて手術室に入って行ったんだろう。想像する間もなく不覚にも涙が溢れました。

それでも現実は待っていてはくれません。今は参議院議員選挙の真っ最中。少しでも現場から離れれば、「あいつサボってるんじゃないか」「偏った支援をしているんじゃないか」と言われる厳しい世界です。

もちろん家族のことで泣き言などは言えませんし、自分で選んだ道ですから宿命と受け止めています。手術日も溢れる感情を抑え、応援弁士としてマイクを握りました。

母の病は、予後があまり良くない病気です

が、一日でも健康に長生きしてほしいと願うばかりです。

これまで苦労ばかりかけた母のためにも、限られた時間であるからこそ、一緒に過ごせる尊い時間を大切に、少しでも親孝行をしたいと思います。

次の選挙では、母に心配をかけなくてすむ結果であればよいなと願いながら、選挙区の皆様の信頼を得られるように、日々精進しよう。ただ、次の自分の選挙が終わった時には、ほんの少しだけお休みをいただいて、母や家族との時間を作れたらと思いました。

民進党代表選挙の舞台裏

民進党の総支部長時代は、志同じくして次の衆議院選挙を目指す新人の仲間達40名ほどで定期的に意見交換をしていました。

そのメンバーの中には、現在ともに国会議員として活動をしている青山大人《やまと》さん、浅野哲さん、池田真紀さん、塩村文夏さん、関健一郎さん、道下大樹さんなどがいました。

全国各地で活動をしている仲間達が一堂に会する機会といえば、党大会。だいたいその前後で意見交換会を行いました。

そして党大会といえば、関連して行われることが多いのが代表選挙。落選中の総支部長時代、これは大変だったなと思い出に残る出来事の一つがこの代表選挙です。

民進党では、公認予定者の総支部長にも一票（1ポイント）が付与されており、私も代表を選ぶ投票権を持っていました。

初めは私も投票権を持てて嬉しいなと気軽な気持ちでいましたが、現実はそんなに甘いものではありませんでした。

衆議院選挙は、小選挙区制度ということで無所属では当選することが難しく、勝ち抜くためには政党の公認を受けることが重要となります。

そして現職議員ではない公認予定候補者である総支部長の任命には政党が強い影響力を発揮し、その時々の代表、幹事長、選対委員長などの執行部が実質的に生殺与奪の権を握ります。

また代表選挙は実質的に秘密投票にはなりません。私も秘書として代表選挙には何度も関わったのでよくわかるのですが、代表選挙に立候補している各陣営同士は応援している候補は違えど同じ党の仲間ですから、誰が誰に票を投じると言っているよと情報交換が行われる土壌があります。そうした中で、たとえば各陣営すべてに投票すると返答した人は、一見世渡り上手そうに見えるかもしれませんがすぐに炙り出されてしまい、「こいつは信用できないな」となってしまうわけです。

こうした状況下において現職議員であれば、代表選挙で応援した候補が勝ったとしても負けたとしても地元の有権者からの支持を得られ続けることができれば、公認権を奪われるような事態に発展することはありません。自分の信念を貫いて進むことができます。

しかし落選中の、吹けば飛ぶような総支部長にとって、自分が投票した人が代表になるか否かというのは死活問題となります。

2016年の民進党代表選挙では、私は蓮舫さんを応援しました。個人的には玉木雄一郎さんにも心惹かれるものがありましたが、党勢拡大を考えた時には、蓮舫さんの人気は凄まじく、新たな時代に女性のリーダーを打ち出すことが重要だと考えました。

幸いにして行動をともにしていた多くの仲間達も蓮舫さんを応援する方が多く、師匠の菅直人さんにも確認をしたところ、「俺は代表選挙を盛り上げた方がいいと思うから玉木を応援するけれど、中谷は自分の選挙区事情を踏まえて好きに行動してよい」とのことだったで、心置きなく蓮舫さんを応援しました。

しかしながら本当にしんどかったのは、2017年の民進党代表選挙。この時の代表選挙は、枝野幸男さんと前原誠司さんの戦いでした。

都民ファーストの会の小池百合子都知事の勢いが凄まじく、蓮舫さんをともに応援していた細野豪志さんはすでに離党しており、民進党にとっては非常に厳しい時期でした。

代表選挙は、前原さんが優勢とされており、私の選挙区である神奈川7区でも地方議員の皆さんはすべて前原さん支持。神奈川県内の衆議院18選挙区の中でも枝野さん支持を公式に表明している人は誰一人としていない。そんな情勢でした。

そうした中、私は枝野さんを応援することになりました。

この時には、いの一番で菅直人さんから連絡があり、「今回は枝野幸男で頼む」と言われ、このことが決め手となりました。

菅さんが首相時代の本当に大変で苦しい時を支えたのが、当時官房長官の枝野さん。私も、枝野さんが懸命に政権を支える姿を目の当たりにしています。

師匠の菅さんからこの手の話で〝頼む〟と言われたのは初めてのことだったので、引き受けざるを得ないと腹を括りました。

その後、すぐに枝野選対の本部長を務めていた長妻昭さんから連絡があり、「枝野さんをお願いしたい」と言われ、「わかりました」と答えました。そして「どうしても仁義を切りたい方々がいるので、公表は少し待ってください」とお伝えしました。

さすがにお世話になっている国会議員の先輩方や地元の地方議員の仲間達には筋を通しておきたいと考えたからです。

まず連絡をしたのは、江田さんと馬淵さん。江田さんは私の隣の選挙区で大変ご指導をいただいている先輩であり、馬淵さんは私を公認してくださった恩人です。お話をしたところ、結論的にはお二人とも「中谷くんは枝野さんでよいのではないか」ということでした。これらの過程を踏まえて正式に枝野さんを応援することになりました。

しかしその後も、前原さんご本人や奥様などから何度も丁寧な支援依頼のご連絡をいただきました。

私は、申し訳ないなと思いながら「良い返事ができずにすみません」と丁重にお詫びを繰り返しました。

そして9月1日の投票日には枝野幸男さんに一票を投じました。

投票結果は、前原さんが502ポイント、枝野さんが332ポイント。前原さんが選出されました。

しかしながら、私の代表選挙はこれで終わりではありませんでした。

代表選挙後の失速

代表選挙が終わったその日の夜、とある先輩から一本の電話がかかってきました。民進党神奈川県総支部連合会の代表を務めていた後藤祐一さんです。

「話したいことがある」

直感的に胸騒ぎがしましたが、県連代表からお声がけをいただいたので、待ち合わせ場所である参議院議員会館の裏にある居酒屋へ向かいました。

後藤さんは、「俺達はもう民進党を離党する」という衝撃の話を切り出されました。一緒に離党する予定だという国会議員の先輩方の名前を告げながら、「俺から今、あなたに伝えられることはそれだけ。一緒に来いということは俺からは言えないが、どうするか考えた方がいい」というお話をいただきました。

端的に言えば、引き抜くことはできないが、お前がついてきたいなら相談に乗ることはできるという趣旨でした。

私からは、「先輩のお気持ちは嬉しいのですが、私はいい時期も悪い時期も民主党、民進党でやってきたので、このまま民進党でやっていきたいと思います」と返答しました。

選挙のことだけを考えれば、破竹の勢いだった都民ファーストに擦り寄って離党した方が有利だったかもしれませんし、気遣いをしてくださった後藤さんのお声がけはありがたく思いましたが、政界は小さな村社会。長くこの世界で活動するつもりであればフラフラする者は信用されないと考え、苦しい時期も踏ん張って民進党が国民の皆様からの信頼を得られるように頑張ろうと考えたからです。

しかしながらこの後、私の立てた操が踏みにじられる出来事が起こりました。代表選挙後、幹事長に内定していた山尾志桜里さんのスキャンダルが報じられ、出端をくじかれることとなったのです。その後、複数の議員が離党し、ドミノ倒しに歯止めがかからず、党勢に陰りが生じました。

そうこうしているうちに、小池百合子東京都知事が新党を作り、離党した多くの議員がチャーターメンバーとなりました。私の近しい人の中でも離党した人が数人いました。

これに対して代表の前原さんは、次期衆議院議員選挙において離党した議員の選挙区に民進党公認の「刺客候補」を立てることも辞さないという構えでした。

しかしながら希望の党の党勢が凄まじく、数日後には軌道修正の可能性を示唆し、希望の党との連携を探る動きが顕著になりました。

希望の党の旗揚げに先がけ、前原さんと小池さんが極秘に会談し、民進党と希望の党の合流が協議され、最終調整に入ることで合意がなされていたことが報道されると、一気にその流れで進んでいきました。

そして9月28日衆議院解散後に行われた両院議員総会において、総選挙の対応として以下の方針が示されました。

一、今回の総選挙における民進党の公認内定は取り消す。
二、民進党の立候補予定者は「希望の党」に公認を申請することとし、「希望の党」との交渉及び当分の間の党務については代表に一任する。
三、民進党は今回の総選挙に候補者は擁立せず、「希望の党」を全力で支援する。

要するに民進党として公認候補を擁立せず、全員希望の党へ公認申請を依頼し、民進党に所属する者は皆で希望の党を支援してください、その他のことはすべて代表がその時々の判断で決めることを認めてください、という内容です。

また前原さんは、民進党所属の議員（候補者）全員の受け入れと公認を求めるので任せてほしいという趣旨の話をされました。現職議員ではなかった私はオブザーバーとして参加していましたが、「そんなうまくいかないんじゃないか」と感じ、立候補できなくなることに危機感を持っていました。

実はその頃、私の選挙区には、若狭勝さんが塾長を務める「輝照塾」の川野案さんという方が希望の党から立候補するという話が舞い込んでいました。川野さんから神奈川7区で立候補することが決まったので、所属議員の皆様にご挨拶をしたいという連絡が民進党神奈川7区総支部の議員にあったからです。
しかしながら、こうした私の不安とは裏腹に、前原さんの言葉を信頼した議員団が総選挙の対応方針の提案を了承したという流れで両院議員総会は決着しました。

排除の論理

その翌日、事態は急転しました。前原さんと小池さんが民進党から希望の党に公認申請をする候補者について会談しましたが、小池さんは「全員を受け入れる気はさらさらない」「排除されないということではなく、排除いたします」と断言しました。

こうした状況を受けて、私自身は実は非常に悩みました。本部の指示通り、希望の党で戦った方がいいのか、それとも無所属で戦った方がいいのか。

政党を選択する上で、まず頭をよぎったのは、支え続けてくれた仲間のこと。自分の信念を貫くのか、早く議員になって前線で仕事をすべきか。

落選期間中の浪人生活をしていた3年間を振り返ると、本当に多くの皆様が支えてくれました。

衆議院議員選挙直前、後援会の仲間達と選挙戦略について議論

秘書の風間良さんは、2LDKの部屋に男3人で住み、早朝一緒に起きて街頭活動をしに行って、終わったら1日100軒みんなでピンポンを押し、市民の皆様のニーズを聞いてまわるという修行僧の荒行のような生活を1000日以上ともにしてくれました。

後援会など支援者の仲間達も、みんなが必死になってビラを配ったり、電話をかけたり、資金提供をして支えてきてくれました。

だからこそ今回の選挙は絶対に勝たなきゃいけないという想いは強く持っていました。

選挙区内で定点的に行っていた神奈川7区の情勢調査では、希望の党に行けば小選挙区で勝てる可能性があるとのことでした。

ただ、希望の党の政策と、自分が今まで言ってきたことは違っていました。

希望の党に行くということは、安全保障政策や憲法など民進党とは主義主張がまったく違う政党で戦うことになります。つまりは今まで応援してくれた方々を裏切ることになってしまいますし、自分が今まで言ってきたことと違うことをやらなければいけなくなります。しかしながら希望の党に行かずに無所属で選挙に出馬するとしたら、政権与党の候補者相手に希望の党の別の候補が立候補している状況下で、当選することはできません。

さらに、私はすでに9月1日の段階で離党することを拒んでいる人間ですし、川野さんという具体名が挙がっている以上、排除される可能性の方が高い状況。後援会のみんなに意見を尋ねても、意見は真っ二つ。

gumiの國光宏尚さんやナイルの高橋飛翔くんなど昔からの友人達を中心とした後援会では、「絶対、希望の党に行って、石に齧り付いてでも当選を目指すべきだ」という論調が主流。

その一方で、関東学院大学准教授の鎌田素之さんなど地元で中心的に支えてくれている後援会の中では、「希望の党なんかに行ったら金輪際応援しない」という趣旨の意見が多数。難しい局面でした。

希望の党には行かないという決断

落選してから、つらく厳しい日々を過ごす中、自問自答し、さまざまな葛藤を繰り返し、私なんかが、と何度も思いました。

おまえなんかが、と何度も言われました。

それでも立ち上がってみよう、と思いました。

それは、やはり前を向いて行動しなければ、何も変えられないからです。

絶対に負けてはいけない戦いがあるということを学んだからこそ、次こそは、みんなの期待に応えられるような結果を出したい。その想いだけで歩んできました。

そんな中で迎えた人生における大きな決断の時。

この厳しい状況下で本心を唯一相談できたのは、ずっと側で支えてくれていた風間良さん。

「情勢調査の数字を見ても、希望の党で立候補すればこの選挙は勝てる戦いになると思う。選挙に勝つことを重視するのであれば、そういう選択肢を今からでも模索するべきかもしれない。でも今まで自分の言ってきたことの筋だったり、義理だったり、そういうものに背くことになる。これから長い目で政治をやっていくことを見据えるなら、あたりまえだけど信頼がとても大事だから、負け戦であっても、無所属で信念を貫いて、本来の立場で戦うことを選択するべきか悩んでいるんだ」

思っていることを素直に話しました。

すると風間さんからは、「俺は、中谷に今までの筋と義理を通してほしいとは思っているけれど、それで次の選挙に負けて、これ以上の落選期間を、俺を含めた仲間達や後援会のみんなが、今までのように人生をかけて支え続けられるかといえば、時間的にも資金的にも限界だと思う」と率直な返答がありました。ごもっともです。だからこそ是が非でも勝つ決断をしなければいけないんじゃないかと、当時は感じました。

そんな時、多くの民進党の仲間達がなんとか神奈川7区の野党候補者を一本化しようと汗をかいてくれました。福岡県議会議員の仁戸田元氣さんは再三にわたって、前原さんや細野さんに対して「なんとか中谷くんをお願いします」と頭を下げてくれました。また、滝田孝徳さんもできる限りのことをすると動いてくれました。

さらに当時の民進党神奈川7区の幹事長だった大山正治さん達が中心となり、小池さん、前原さん、当時の選挙対策の調整責任者であった玄葉光一郎さんに対し、署名捺印をした要請を提出してくれました。

また、後藤さんに代わって県連代表を務めていた本村賢太郎さんと選対委員長を務めていた神山洋介さんも「なんとか民進党の仲間が全員公認してもらえるようにお願いします」と何度も民進党本部に掛け合ってくれていました。

笠浩史さんにも希望の党の内部で汗をかいていただいたという話をうかがっています。皆さんのお力添えが本当にありがたく思いました。しかしながら無情にも時間は過ぎるばかりで、事態が好転することはありませんでした。

誰かを排除するということではなく、理想の社会を創るため現政権に対する新たな選択肢を示すという趣旨には、共感するものがありました。

そして、この1か月間、民進党から希望の党に公認申請をした多くの先輩方からも一緒にやろうとお声をかけていただきました。私も民進党で歩んできた仲間達とともに行動することを検討しました。

しかしながら、有権者の声にじっくりと耳を傾けていく中で感じたことは、極端なイデオロギーで政治を進めていく勢力が求められているのではなく、「穏健中道」から「現実的なリベラル」の思想を持つ市民一人ひとりの受け皿となるような政治勢力が求められているという現実でした。

選挙という一点で行動指針を決めるのだとすれば、凄まじい人気のある小池東京都知事にすがって選挙を行えば有利になることは百も承知。そして、政治家は選挙に勝たなければ何も始まらないこともわかっている。でも、私はあまり器用なタイプではありませんでした。

義理と人情、そして浪花節を大切にして生きてきた人間である私には、今までお世話になってきた方々に砂をかけるようなことはできませんし、自分自身が今まで言ってきた政策や理念を反故にすることもやはりできませんでした。

政界が慌ただしく動き始め、強大な流れが世間を覆う中、このように自分の進むべき道を熟考した結果、苦渋の決断でしたが、希望の党へ行かないと決めました。

決意後、街頭で

仲間達には、「今回の選挙は多分、勝てないと思う。ここまで活動を積み上げてきてくれたのに本当に申し訳ない」「ただ落選したとしても、次の日からまた駅に立って、国会議員になるまで必ず活動を続けるからついてきてほしい」と死地に挑む覚悟を伝え、険しい道ですが、無所属でブレずに前に進むと決めました。

民進党を離党する日

本部の方針が決まり、民進党の神奈川県連としてもどういう方向性で候補者の取り扱いを決めるか議論するために常任幹事会が開催されました。

この常任幹事会においても大激論がありました。ちょうど同時期、私と同様に早稲田夕季さんが希望の党へは行かない決断をしました。やはり今まで言ってきた筋を曲げることができないという結論です。

そして希望の党以外の枠組みで戦うなら、政党としては民進党は存在しているわけですから、私と早稲田さんは、民進党で戦わせてほしいと訴えました。

当時を振り返ると、県連代表の本村賢太郎さんや、牧山弘恵さん、真山勇一さんなどは、なんとか本部に掛け合って検討したいという趣旨の話をされていました。

また、鎌倉市選出の神奈川県議会議員である飯野眞毅さんは、「私は早稲田の秘書としてやってきた。いかなる処分を受けても早稲田を応援します」という意思を表明されていました。

その一方で、横浜市港南区選出の神奈川県議会議員である浦道健一さんは、

「今、同じ席に早稲田や中谷が座っている。俺の同期の仲間だ。応援したいのはあたりまえだ。

しかし組織人として発言させてもらう。申し訳ないが、それをしたら反党行為だ。希望の党に行かない早稲田や中谷を応援するなら離党してやれ。こっちだって国会議員に振り回されていい迷惑をしているが、そうすれば政権交代できると思って本部が決断したことだろう。それが不服なら県連じゃどうにもできねぇから国会議員が本部に行って、本部決定を取り消してこいよ。両院総会が無理でも参議院だけでも総会を開いて、民進党が公認候補を出さないという決定を撤回してきてくれ」

と発言。党人、組織人という観点から言えば、今までの人間関係という情ではなく、どういう者が出てきたとしても希望の党の候補を応援する。党の意見に反して戦うことはできない。組織人としては正しい解答だと思いますが、当事者としては複雑な感情を抱きました。

その後、気丈で強面の浦道さんが、「応援してやれなくて申し訳ない」と涙を流しながら言葉をかけてくれたことを私は生涯忘れません。政治の世界は甘くない、あらためて痛感した会合でした。

私達が民進党からの公認を受けられないことが見込まれる中、当時の神奈川県における地方議会の風潮としては、希望の党の候補を応援しなかったり、希望の党に自ら申請を出さない人達を応援した場合には、自分達も排除されたり、候補をぶつけられたりするかもしれないという疑念が渦巻いていました。

執行部からの締め付けも始まり、自分達が希望の党以外の政党の人間を応援したら、次の地方議会選挙で仕返しされるぞという雰囲気です。

そうした中、大山正治さんのように私のことを考えて支えようとしてくださっている先輩方を見ていると、申し訳ない想いがありました。

私はそんな大山さん達に、「今まで支えてくれてありがとうございます。でも、これ以上は皆さんにご迷惑をおかけしてしまいます。私は民進党を離党して、無所属で戦うことになると思いますが、皆さんはそれぞれが政治活動を行うことに最善だと思う判断をしてください」という類の話をしました。大山さんからは、「力が足らず申し訳ない」と返事をもらいました。

そして、私達は民進党を離党することになりました。

振り返れば、２００６年の学生時代に民主党の門を叩いてから約11年。これまで民主党、民進党の仲間達とともに良い時期も悪い時期も前を向いて政治の道を歩んできました。筋と義理を通して、細野さん達のグループにはついて行かず、民進党の離党を断った私達がまさか民進党で戦うことができず、離党届を出す日が来るなんて夢にも思っていませんでした。

去る者、来る者

県連常任幹事会で、長友克洋さんがこんな趣旨の発言をされていました。

「衆議院議員候補である総支部長と地方議員との関係は、本来的には有権者との関係と一緒。そんなものは、政党の筋ではなく、地元での絆であって、個々の関係性の問題だろ。俺達はどんな状況になっても本村賢太郎を支えるつもりだよ。しっかり連絡を取り合って、人間関係を作っていれば、自ずと応援してもらえたんじゃないの。応援してもらえないのなら、それをやってこなかったということだろ。衆議院選挙に出るような奴が他力本願で今頃そんなこと言ったってしょうがねぇし、そんな話を県連に持ち込んでも仕方ないだろ」

長友さんのおっしゃることはいつも本質的で、私にとっては耳の痛い話です。現に他の選挙区を見渡すと、希望の党へ行く選択をしなかった早稲田夕季さん、青柳陽一郎さん、阿部知子さんの選挙区では、民進党の地方議員団が組織の決定を無視して、本部の方針に従わずに、それぞれの衆議院候補を応援していました。

それとは裏腹に、民進党神奈川県第7区総支部では緊急で常任幹事会が開催され、総支部として川野案さんを応援するという組織決定がなされたという話を聞きました。今までともに活動してきた仲間達が私の選挙対策本部から去り、別の候補の支援者として選挙で戦うことを意味します。

また議員のみならず、希望の党で戦うなら当選するんじゃないかと期待をしてくれた人々の多くが無所属で戦うことを決めた後に去って行きました。

多くの方々が集まれるようにと借りた約200平米の選挙事務所は、一気にがらんとしました。

そんな状況下において、哀しいような、寂しいような、悔しいような、なんとも言えない想いが錯綜しましたが、そんな感情に浸っていられたのも束の間。多くの方が去っていった選挙事務所に、いの一番に駆けつけてくれた人達がいました。

連合神奈川の柏木教一会長、横浜地域連合の中田節樹議長、二階堂健男議長代行、高橋卓也議長代行、岩沢弘秋事務局長、横浜北部地区連合の小田泰司前議長、大島重利議長、小鹿崇孝事務局長、自治労神奈川県本部の千葉信夫中央執行委員長、運輸労連神奈川県連合会の亀崎友彦執行委員長、東急バス労働組合の佐藤光夫執行委員長をはじめとした労働組合の各産別、単組の皆様並びにローカル政党・神奈川ネットワーク運動の若林智子さん、青木マキさん、竹中麻美さん、そして神奈川県議会の先輩議員であり、友人でもある大和市選出の菅原直敏さんなどが有志で集まってくださり、中心となって選挙対策本部を組み立て直してくれました。

「なんもなくなっちまったな。でもまた一から頑張ろうぜ」

皆がかけてくれた言葉にどれほど励まされたか。

また、私が希望の党に行くだろうと思っていた方々は、「中谷一馬が希望の党に行かずに戦うと言っているぞ」と、期待を寄せてくれ、とても応援してくださいました。

市民連合の皆様は、共産党神奈川県委員会に行って、「中谷一馬は今まで必死に頑張って活動してきた。なんとか当選させたいので、候補者を一本化してください」と直談判してくれました。それに共産党の皆様が共鳴してくださり、野党の一本化に繋がりました。私に想いを託してくださったことに心から感謝をしました。

そんな頃、細野豪志さんから、「神奈川8区（江田憲司さんの選挙区）、神奈川11区（小泉進次郎さんの選挙区）が空いているんだが、そちらから出る気はないか」という打診をいただきました。私からは、「お気持ちはありがたいのですが、神奈川7区に骨を埋める覚悟でやっていきたいと思っています」と丁重にお断りをさせていただきました。

立憲民主党の結党

希望の党に行く人、行かない人がはっきりしてきた頃、「枝野幸男さんが新しい党を作るらしい」という話が出てきました。

後に、立憲民主党を立ち上げたメンバーの方々が、水面下でずっと新党結成の調整をしていたことを知り、汗をかいてくださった方々に頭が下がる思いでした。

そうこうしているうちに、民主党政権で官房副長官を務められていた斎藤勁さんから電話がありました。「新しい政党ができるから、君も参加しないか。一緒にやろう」と声をかけていただいたのです。

私自身は、当時は新党ができることをまったく知らなかったので、「無所属で出馬すると周囲には説明してしまったので、どうすればよいものか」と思案しましたが、「喜んで。ぜひ、参加させてください」と返答しました。

結党の報道で、政界の父である菅直人さんがメンバーに入っていることは知っていましたし、何より私の考え方と、立憲民主党という政党の考え方が既存する政党では一番近いと感じました。

「やっと土俵に上がれた、普通に選挙ができる」

今まで活動してきた民進党から選挙に出ることができなくなり、所属政党がなく、無所属で戦うことになり一から戦略を見直さなければならないので困ったな、と思っていた私にとっては救いの神でした。

その後、菅直人さんからは「立憲民主党ができるけど、お前はちゃんと来るのか」という趣旨の電話があり、「もちろんです。斎藤さんに参加する旨をお伝えしましたし、対外的にも立憲民主党入りしますと宣言しました」と答えました。「わかった。大変な選挙戦になるけど頑張ろう」という趣旨の返答をいただきました。

またその後、細野豪志さんからも連絡をいただき、「希望の党の南関東比例ブロック単独で立候補しないか」という打診をいただきました。私からは、「お気持ちはありがたいのですが、立憲民主党で立候補することを決めましたので、すみません」と丁重にお断りをさせていただきました。

細野さんからは、「それぞれの政治家の決断なので、わかりました」と一言返答をいただきました。

その後、神奈川県内の立憲民主党初期メンバーとして、阿部知子さん、早稲田夕希さん、篠原豪さんなどの仲間とともに、神奈川県庁にて、立憲民主党に参加する旨の記者会見を開きました。

記者会見後の当初は、「立憲民主党なんてリベラル政党、誰も応援しないよ」という声をよく聞きました。

また民進党でともに活動していた横浜市会議員の木原幹雄さんなどは、「共産党が応援する候補を支援することはできない」という意図的な印象を与える情報をSNSで発信されており、仁義なき戦いがすでに始まっているんだなと痛感しました。

さらに、「立憲民主党に行ったらお前の政治家としてのキャリアが傷つくから、無所属で選挙に出た方がいい。今回は勝てないかもしれないけど、おとなしくしていた方がいい」とアドバイスをしてくれる先輩方もいました。

中谷一馬という政治家に対してさまざまな方が気にかけてくださることに感謝をしつつも、決めた道を正解にできるように新しく走り出すぞと決意を新たにしました。

そして立憲民主党に参加し、心機一転、政治活動を再開しました。

以前のように地元の駅で辻立ちを始めると、

「どこの政党に投票すればいいかわからなかった。立憲民主党を作ってくれてありがとう」

「投票したい政党ができてよかった。頑張ってね」

「中谷、筋を通してくれてありがとう、希望の党なんかに負けるなよ」

と熱烈な声をかけていただきました。

その声は、民主党や民進党にいた時は感じたことがないもの。今まで体験をしたことがない反応でした。初めは戸惑いましたが、明らかに空気が変化し、市民の支持は希望の党ではなく、立憲民主党に集まってきているのだと実感しました。

立憲民主党が結党された頃から希望の党が失速し、小池さんや前原さんがなんとか歯止めをかけようとして、毎日いろいろな発言をされていたのですが、排除の論理を引きずるその発言は、結果として立憲民主党への応援演説となり、希望の党にとっては、何もかも裏目に出ているように感じました。

2017年衆議院議員選挙に出馬

第48回衆議院議員選挙の告示日を迎え、正式に立憲民主党の公認候補として神奈川7区から出馬しました。

選挙期間中の市民の皆様からの反応は、過去の選挙とは比べものにならないほどあたたかいものでした。政権交代時の選挙とまではいきませんが、少なくとも民主党が下野した後には感じたことがないような熱量で、微風ですが私が立候補した選挙においては、初めての追い風を感じました。

中谷一馬選対には、学生の有志が集まって組織してくれた学生の勝手連（勝手に連帯する若者連合）がありました。これはインターネット戦略の一環として高橋飛翔くん、寺西遼人くん、山本幸央くん、若新雄純くんら友人たちが進めてくれたプロジェクトで、ともに選挙戦略を考え、闘ってくれるボランティアメンバーをＳＮＳで募集したことがきっかけで集まってくれた学生達でしたが、参加申し込みはなんと１００名以上。

参加希望者の中から、菅原直敏さんが面接を行い、約50名の学生達が勝手連に参加してくれました。そのなかには、「NO YOUTH NO JAPAN」の能條桃子さんなど、後に社会で活躍する学生達も集ってくれていました。

彼らは、自らの意思で街宣車を運行し、演説を行い、なぜこの選挙で中谷一馬が必要なのかということを、各々の意思で発信してくれました。学生勝手連の応援はとても強い後押しとなり、街を歩けば、「中谷さんの選対は、本当に若い子が頑張って熱心に応援しているね」「見ていて爽やかよね、清々しいわ」という言葉をかけていただきました。

なんでこんなにも多くの学生が集ってくれたのか、当初私にはわかりませんでしたが、その答えを選挙期間中の演説会における菅原さんからの応援メッセージで知ることになります。

私は、無所属の神奈川県議会議員を務めています。しかし残念ながら私はこの地元の人間ではございません。この地域には本来であれば、県議会議員や市議会議員がたくさんいらっしゃったはずなんですけど、皆様どこかに行かれてしまった。だからこそ放っておけないと思い、立憲民主党の人間ではありませんが、友人としてここに応援に参りました。

そうした中、実は今回の選挙、多くの学生ボランティアが応援をしてくださっています。

私は彼らのまとめ役として、この選挙活動を毎日お手伝いさせていただいていますが、私、不思議に思ったんです。なぜ、立憲民主党の中谷一馬の事務所のところにこんなにも多くの学生が来ていただけたんだろうかと。たぶん応募した時には、希望の党のようなもっともっと華やかな政党があったと思うんです。

そのなかで私は学生の皆から、こんな声を聞きました。

たしかにもっと華やかな政党があったかもしれないけれど、おかしいと思った。ずっと自分達が言ってきた政策があるのに、それとまったく異なる政策を訴える政党に行くなんて変じゃないですか菅原さんって言われたんです。

私は華やかな政党自体が悪いとは思いません。ただ目先の議席のために自分が言ってきたことを180度変えて、そしてそこに乗り移ってしまう政治家を皆が不思議だと思っている。ここにいる学生の率直な質問に対して、答えられる人が乗り移った方の中にいるんでしょうか。だけど、私、中谷一馬とこの期間ずっと一緒にいましたが、彼はブレなかった。苦難葛藤があれど、希望の党に行くことをしなかった。無所属でも戦うと決めていた。民進党の政策を引き継いだ立憲民主党が出てきたからこそ、筋を通した。私は友人として中谷一馬を応援するのは、ブレずに将来のビジョン、未来を掲げる政治家だからです。

赤面するほどもったいないお言葉ですが、多くの方が今まで言ってきたことと違う行動をする政治家に違和感を覚え、筋を通した立憲民主党に所属する政治家に皆さんが温情を与えてくれているのだと知りました。

また、若林智子さん、青木マキさん、竹中麻美さんなどを中心とした神奈川ネットワーク運動の皆様や井澤秀昭さん、勝又徳明さん、児島玄子さん、齋藤和浩さん、林定雄さん、冨川拓未さん、松田有未さんら後援会の方々、そして大塚要治さん、河合ゆかさんや佐藤剛裕さんら市民連合の方々など、多くの仲間達が「中谷一馬をお願いします」と電話や街頭で呼びかけてくれました。

国会からも多くの先輩方が応援に駆けつけてくれました。立憲民主党本部から最初に駆けつけてくれた応援弁士は福山哲郎さん。

「実は私、福山哲郎が政治を志し、初めて選挙に出たのも34歳。中谷さんは、苦労してきたし、勉強もしてきた。こんな良い候補者いないって思っています。志のある中谷一馬さんに力を貸していただきたい」

と力強く演説をしてくださる姿を見て、本当にありがたく思いました。

また民進党の代表を務めていた蓮舫さんも義理堅く、わざわざ集会に駆けつけてくださり、「母子家庭で育ち、中学卒業後に働いたものの、厳しい現実にぶつかり、政治で世の中を変えたいと心に決めた人です。27歳で神奈川県政史上の最年少議員となり、しがらみのなさ、若さでさまざまな改革を行ってきました。真っ直ぐな若い候補者。ぜひ、神奈川7区の皆さんのご支援をよろしくお願いします」と熱いメッセージを有権者の皆様に届けてくださいました。

さらに同じく衆議院選挙を戦っている状況にもかかわらず、江田憲司さんも何度も足を運んでくださり、「人の痛みがわかる苦労人の中谷一馬をぜひ神奈川7区から当選させてほしい」と呼びかけていただきました。

立憲民主党の代表である枝野幸男さんが応援に来てくださった時には、雨にもかかわらず、1000人は下らない日吉駅前を埋め尽くすほどの膨大な数の方々が集まってくれました。

枝野さんは、「まっとうな立憲主義とまっとうな民主主義を取り戻したい。そのために私は立憲民主党という新しい旗を立てました。中谷一馬さんも厳しい中で、この茨の道かもしれない厳しい道を一緒に選んでくれました。私にはあなたの力が必要です。一緒に頑張りましょう」と呼びかけました。聴衆からも「立憲民主党頑張れ」「枝野幸男頑張れ」「中谷一馬頑張れ」と熱気溢れる大歓声が巻き起こり、今でも耳に残っています。

選挙期間中は、報道各社が一定の間隔で情勢調査を行います。選挙戦の序盤は自民党候補に

2017年衆議院選挙 個人演説会

応援に駆けつけてくれた枝野幸男さんと江田憲司さん

対してダブルスコアの差で負けていたのですが、徐々に空気が変わり、中盤戦になると「立憲民主党の中谷が自民党候補を猛追」と報道され、日に日に差が縮まっていきました。

「この選挙、もしかしたら小選挙区で勝てるかもしれない」

何度もそんな肌感覚と淡い期待を感じた選挙戦でした。

そして、選挙戦最終日に出た情勢調査では、なんと自民党候補を逆転していました。

比例復活で初当選

衆議院選挙を戦う者は、衆議院解散日前後から衆議院選挙投票日までの約1か月は寝る間を惜しんで有権者と触れ合います。

私も、朝6時頃から夜12時頃まで1日約18時間、寝る時間以外はずっとなんらかの活動をしてきました。肉体的にも精神的にもヘトヘトで、まさに精も根も尽き果てる状況になっているのが、政治家の投票日当日です。

とは言っても、20時からの開票を皆で見られる環境を作るために事務所にテレビや椅子を準備したり、お世話になった人達と電話でお話ししたり、私自身も投票所に行って自分で自分に投票したり、なんだかんだでやることが多くありました。

投票日当日は、台風が日本列島を直撃し、関東地方もざあざあ降りの雨模様。これじゃ投票率が伸びないなと嫌な予感がしていました。

一般的に投票率が下がると、組織票を手堅く固めている自民党や公明党が有利になると言われています。前日に逆転していた情勢調査も当日の出口調査では乱高下しており、僅差の接戦と出ている調査もあれば、ダブルスコアで負けている調査もある始末。大きな不安を抱えながら投票日を過ごしました。

投票箱が閉まり、開票が始まる20時以降になると、ここからは3〜4時間当確が出るまでは選挙特番を見ながら全国の当選結果を見守る時間となります。

私は、自宅でテレビを見ながら、「まだ全然開票が進んでいないね」「あの人、当選したね」といった類の話をしながら推移を見守っていましたが、「また落選したらみんなに合わせる顔がないな……」と強いプレッシャーを感じていました。

中卒で議員になると決めてから、人生のすべてをかけて、何人もの仲間の人生を巻き込んで、長い年月とあらゆる資源を投じて戦った選挙。

1年365日、地道な政治活動を支えてくれる仲間の人件費にも、約57万人の選挙区人口の約20万世帯に対して政策などのメッセージを書いたビラを1回配布するのにも、数百万円のお金がかかります。

これまで積み重ねてきた活動費用を合算すると、約1億円。

しかもこれらのお金は、仲間達が集めてくれた浄財で寄付なども含まれる資金です。想いをムダにすることはできません。

また、「一馬くらい努力して活動しても勝てないなら、やっぱり地盤・看板・鞄のない人は国会議員の選挙に出てもダメだな」というネガティブな前例を作ることになると懸念していたので、自分で啖呵を切った「中卒から国会議員になる」という夢・目標に押し潰されそうな時間でした。

その後、自民党の候補者と私の出口調査の結果が公開されました。非常に僅差で負けていた棒グラフが示されたのですが、それを見た瞬間に「小選挙区では及ばなかったか」と悟る自分がいました。

そうこうしているうちに、開票が10％、20％と進み始めました。

「僅差で負けているが、得票数はかなり伸びている」

開票速報を見ながら、内心そのように感じていました。

比例南関東ブロックで重複立候補している、同じ立憲民主党の立候補者も接戦で際どい状況。

正直、当選するか、落選するか、ギリギリまでわからない状況でした。

そして開票が始まってから3時間半が経過した23時半頃、阿部知子さん、青柳陽一郎さん、早稲田夕季さんが小選挙区で当選という一報が流れました。この3人が小選挙区で勝ち上がったということは比例の議席がまだ空いているということであり、私の当選確率が上がることを意味します。

それから約1時間後の深夜0時半頃、小選挙区で自民党の相手候補が当選したことが伝えられた直後、私の比例復活での当選確実の報が出ました。

当確が出た瞬間、感情が爆発しました。今でも明確に覚えていますが、喜び、嬉しさ、哀しさ、苦しさなど今まで抑え込んできたさまざまな感情が解放されたような状態で、「よっしゃー!!」と声を張り上げました。人生で一番嬉しかった瞬間の一つだと思います。

結果としては、惜敗率85%で南関東ブロックにおける立憲民主党の比例議席の上から2番目での当選。5番目までが当選ラインだったため、一見悪くない成績かもしれません。

しかしこの衆議院議員選挙の最終投票率は53・68%で、戦後最低だった前回(2014年)の選挙に次ぐ、戦後2番目に低い投票率になりました。台風で天気がもっと悪く、投票率がさらに下がっていたら、立憲民主党には逆風となり、立憲民主党の支持率も下がっていた可能性もあります。

もしかしたら、比例の議席が5議席ではなく3、4議席になっていたかもしれませんし、小

秘書の風間さんと喜びを分かち合う

選挙区を制した3名が小選挙区で惜敗していた可能性もあり、ボタンの掛け違いのように私もギリギリ落選していた可能性もあった選挙でした。そういう意味では、本当に薄氷を踏む当選であったことを肝に銘じています。

神奈川7区で、私に投じていただいた票は8万7819票。一人ひとりの一票の積み重ねによって国会へ送り出していただくことができました。

仲間達が当落を見守ってくれていた事務所の会場に行くと、みんな歓喜に満ちた表情を浮かべ、嬉しさのあまり涙を流してくれている人もいました。

ずっとビジネスパートナーとして支え続けてくれた風間良さんを筆頭に、落選中の苦しい時期を支えてくれた首藤天信さん、奈良甲介さん、浜田佑介さん、菅原暉人くん、福田淳太くん、松浦幹子さん、大角佳代さん、労働組合、後援会、勝手連、議員有志、家族親族などともに戦ってくれた皆様に心から感謝し、喜びを分かち合いました。

当選は、あたりまえですがゴールではなく、ここからがスタート。有権者の代表として、国会で皆様と約束したことを全力で実現するぞと決意を新たにした日でした。

選挙翌日から初登院まで

当確が出たのは2017年10月23日の深夜0時半頃。仲間達と万歳をした後、3時半頃に帰宅し、仮眠して、朝5時頃に起きて街頭活動に向かいました。

公職選挙法により、当選のお礼はできないルールとなっているため、その日は綱島駅に立って、選挙報告のご挨拶をさせていただきました。

有権者の皆様からは、さまざまなお声がけをいただきました。一番多かったのは、「よかったね」「おめでとう」という祝福をしてくださるあたたかい声。

当確が出たのが深夜だったこともあり、比例復活での当選という結果を見ていなかった方々には、「いや、選挙残念だったね」「一票入れたんだけど悔しいね。次も頑張ってね」などと声

衆議院初登院の日

をかけていただきました。「実は比例復活で当選しました」という返答をすると、「あっそうなの？」「よかったね」というようなやりとりも結構ありました。

その後、国会が始まる召集日までの10日間くらいは、ひたすら応援してくださった方々へのご挨拶まわり。秘書や仲間達も有権者の皆様に報告の電話をかけました。

そして、2017年11月1日の第195回国会の召集日。私にとっては衆議院初登院です。気合を入れて朝一で国会に向かいました。

到着したのは全国会議員の中で2番目。1番が希望の党の近藤和也さん、3番が同じく関健一郎さん、4番が自民党の木村次郎さんでしたが、その姿を多くのメディアで放映していただきました。

さまざまな方から「テレビで見たよ」とメッセージをいただきましたが、私を応援してきてくれた方々に、国会へ登院した姿を見てもらったことは感慨深い想いでした。

そして国会や議員会館に行くと「中谷一馬」と名前が記載されており、「あぁ、本当に衆議院議員になったんだな」と実感が湧いてきました。

野党1年生議員の活動と懐事情

2017年はジェットコースターのような年でした。

覚悟はしていましたが、衆議院議員の1日はとにかく多忙。神奈川県議会議員の時にも「議員ってのは本当に休みがなく、1日中何かしているな」と思っていましたが、衆議院議員のスケジュールの入り方は比較になりませんでした。

とくに国会会期中のスケジュールは隙間なくびっしりと埋まります。

朝5時頃に起床し、新人の頃から続けている港北区・都筑区の選挙区内各所での街頭活動から1日が始まります。その後、電車に乗って8時くらいまでに国会へ行って、衆議院の委員会、委員会の党内部門会議や議員連盟の会合、党務のミーティングなど各種会議に参加します。ま

中谷一馬事務所会議の様子

たアポイントも非常に多く、さまざまな方々が来訪されます。少なくても1日10件、多い時には20件程度の会議がセットされ、分刻みで予定が組まれていきます。

夜は6時頃から地元の有権者や支援者、議員同士での懇親会、意見交換会などが1日2、3件あり、帰りはほとんど深夜になります。1年間のうち、350日くらいはだいたいこんなスケジュールです。

当然、日本の国民の利益を目指した仕事をするため、お話をうかがう方々も多岐にわたります。国会議員ということで新年会、賀詞交換会なども国・県・市にまたがって1か月で200件以上お招きをいただきます。

そして地元の活動も、神奈川県議会議員時代と比べて、選挙区の広さが倍近くになったこともあり、運動会や盆踊りなどの地域行事も多い日には1日で

20件以上うかがうこともあります。さすがに一人では難しいので、秘書の仲間達と分担しています。各所で承る意見要望も多岐にわたり、仲間達も国会、地元ともにフル回転です。

衆議院議員として、国会対応や政務における仕事と地元において有権者の皆様の意見をうかがい、国会で何をしているのかの報告を行うことが必要ですので、土日祝日も関係なく活動します。私にとって政治家は職業ではなく生き方であり、人生そのもの。好きで活動しているのでそれでいいのですが、私を支えてくれている秘書の仲間達には、当然休日が必要です。

衆議院議員になると、政策秘書、公設第一秘書、公設第二秘書の3名の秘書を国費で雇うことができるので、私を含めたほとんどの国会議員が国費で3名の秘書を登用しています。

しかしながら真面目に活動するには、3名の秘書だけでは国会、地元、政務、政策立案などの実務を行うことは極めて困難。3名の公設秘書以外に、数名の私設秘書を雇う必要が出てきます。

よく「国会議員は高い給料をもらって……」と言われることがあるのですが、国会議員の歳費などは年収・所得の類というよりも、会社でいう年商や売上高に近いものです。

国会議員としての職務をまっとうしようとすればするほど、人件費、事務所費、交通費、文書の印刷費、発送費、通信費などコミュニケーションに関わるコストなどさまざまな活動費がかかり、財政状況は常に厳しいものがあります。

神奈川県議会議員の時代と比べても、収支は非常に厳しく、寄付などで政治資金を集められなければ基本的には赤字です。

立憲民主党の文化と価値観

立憲民主党として国会活動がスタートした時は、ベテランの先輩と新人議員が党内で半々程度の人数規模でした。仲間達も皆が前向きに自分達の持ち場で、自分達がやれることをやれるだけやって、政権交代を目指そうと張り切っていました。

体制も温故知新の全員野球スタイルで、先輩方の経験値と新人の新しい風が吹き込む新鮮味とバランス感のある政党でした。

本会議や委員会の質問、討論においても若手が積極的に起用されていきました。青臭いところや未熟なところも多分にあったと思いますが、立憲民主党の議員を国会に送り出してくれた支援者の期待に応えようと、各々が本気で立憲民主党が掲げる理念を実現しようと日夜汗をかいていました。

そして立憲民主党という新しい政党が掲げた、

左から阿部知子さん、枝野幸男代表、福山哲郎幹事長、早稲田夕季さんと

「『立憲主義に基づく民主政治』と『多様性を認め合い、困ったときに寄り添い、お互いさまに支え合う社会』を実現する」

「一つの価値観を押し付ける政治ではなく、国民のみなさんとつながり、日常の暮らしや働く現場の声を立脚点としたボトムアップの政治を実現します」

「公正・公平なルールに基づく自由な社会を実現し、一人ひとりの持ち味が発揮され、それぞれに幸せを実感できる社会経済を目指します」

という綱領を体現できる政治をしたいと各々が本気で活動をしていたと思いますし、立憲民主党の議員であることに誇りを持っていました。

また民主党、民進党時代は良くも悪くも政

「春の集い」に駆けつけてくれた立憲民主党の仲間達。乾杯の音頭を取る青柳陽一郎さん(中央)

局上手な先輩方が多く、切った張ったの環境でしたが、立憲民主党になってからは、政局的なストレスや足を引っ張られるようなことはなくなりました。

立憲民主党には、良い意味でも悪い意味でもピュアな人達が集まっており、権力闘争や根回しはあまり得意ではないし、好きでもない。でも譲れない信念があって、不器用だけどそれを前に進めようと力を注ぐ人達が多い。こういう純粋に国民生活をより良くするために、政策を磨き実行していくことに集中しようとする人達に囲まれた環境はとても居心地がよいものでした。

また新人議員が「社会を良くするためにはこういう政策が必要だ」と提言すると、先輩議員はどうやってそれを実現していくかを一緒に考えてくれました。いわゆるボトムアップ型で、立場に関係なく、いいアイデアは採用し、新しい挑戦をためらわず、本気で市民の声を聞いて、豊かな社会を創ろうと思っている。そういうなんとも風通しの良い立憲の文化が、私は大好きでした。

第4章

衆議院議員として日本を立て直す

あたりまえの生活がいつまでも続く持続的な社会づくり

政治家は、常に未来に向けてのビジョンを示す必要があると考えています。

ここからは、政策的な考え方についてのお話をしたいと思います。

私が政治家として実現したいことは大きくいって3つあります。

1つ目は、「平和な世の中を護ること」。

2つ目は、「豊かな社会を創ること」。

そして3つ目は、「〝平和〟と〝豊かさ〟がいつも、いつまでも享受できる〝サステイナブル〟な世の中を創ること」です。笑われるかもしれませんが、端的に言えば、「世界平和」の実現という大きな理想を持っています。

ではなぜ、私がこの理想・目標を実行しようとしているのか。幼少期・青少年期の体験が原点となって私を突き動かしています。

母子家庭の厳しい経済環境の中で育ったからこそ、どうすれば家族とご飯を食べていけるのか、みんなで豊かになれるのか、常に考えて生きてきました。また、暴力が身近にある環境で育ち、家庭内でも地域でもケンカっ早い人種が身近にいる環境で生きてきたからこそ、どうすれば暴力がなくなり、平和をもたらすことができるのか、考えてきました。

衣食住があたりまえに得られる社会。

教育があたりまえに受けられる社会。

老後の生活があたりまえに守られる社会。

全世代の困っている人に手が差し伸べられる社会。

一人ひとりの価値観と人権が尊重される多様な社会。

生命・財産が脅かされることのない平和な社会。

こうした暮らしがあたりまえになっているとすれば、目の前にある社会は何よりも尊いと感じます。

しかし残念ながら今、この豊かな社会が危機に瀕しています。近視眼的な政策決定により、少子高齢化、子どもの貧困、経済政策の停滞……挙げればキリがないほどの問題が発生しています。

とくに子ども達は、自らの努力だけで道を切り拓くことができません。だからこそ、未来を見据えたより良い社会が持続する政策を実行しなければならないと考えています。

国会で初めての論戦

2018年2月23日、初めて国会での委員会質疑に立つ機会をいただきました。初論戦の場は、衆議院予算委員会第八分科会（国土交通省所管）。国土交通大臣などに質疑を行いました。

分科会は慣例で、地域の詳細な諸課題についての質問をしてもいいので、地元の皆様の声を代弁する質問をしました。

広域交通網の充実という観点を中心に、

・社会資本整備総合交付金のあり方
・新綱島駅周辺地区における土地区画整理事業
・神奈川東部方面線（相鉄・東急直通線）など都市鉄道利便増進事業
・東京丸子横浜線（通称：綱島街道）の道路拡幅事業
・首都高速道路・横浜環状北西線の東京オリンピック・パラリンピックに向けた開通の見通し
・首都高速道路・横浜環状北線の地盤沈下に関連した近隣住民へのサポート
・観光振興におけるカジノを含むＩＲの考え方

などについて、議論を行いました。

本番の予算委員会中における質疑冒頭は武者震いしましたが、しっかりと地元横浜市民の要望を伝えていこうと質実剛健を心がけて挑みました。

野党1期生の初めての質疑だからといって、大臣達は手加減してくれません。甘い言動があれば容赦なく洗礼を浴びせられましたが、これも真剣勝負の場だからこそであり、このことが結果として闘志に火をつけていただき、諸先輩方から議論の戦わせ方を学ばせていただく貴重な経験となりました。

また、噂には聞いていましたが、国会に出て本当に驚いたのは、日程や担当がとても流動的で、新参者には読みきれないことです。

初の予算委員会に挑むプロセスでも経験不足を痛感しました。

私が2月23日の予算委員会第八分科会で質問できることが確定したのが、2月22日のお昼前。もともとは、第一分科会（皇室費、国会、裁判所、会計検査院、内閣、内閣府、復興庁及び防衛省所管）か、第五分科会（厚生労働省所管）の質問がまわってくることを想定していたので、生活保護費の母子世帯部分の切り捨てに関する問題や子どもの貧困対策、中央銀行のデジタル通貨（ＣＢＤＣ）発行などの準備をしていましたが、すべて白紙で一から国土交通省所管の質問の練り直しとなりました。

衆議院の委員会における質疑

また、2月23日に予算委員会分科会が開催されることは直前までわからなかったので、アポイントや通常日程の党務、政務を行いつつ、国土交通関係で質問したい内容の最新エビデンスを収集・アップデートし、質問通告を行い、原稿の作成を始めました。

その後、2月23日の17時から質問できるということを衆議院事務局委員部から教えていただいたのが、前日の22時過ぎ。分科会の質問原稿作成が8割方終了し、草案ができたのが、当日の朝4時頃という状況。

当時徹夜で質問作成に付き合ってくれたのは、神奈川県議会議員時代の同期で公設秘書としてサポートしてくださっていた栄居学さん。心からの感謝と申し訳ない気持ちがありました。

その時の反省として今でも活きていることは、

自分の得意な専門分野のみならず、どんな状況でなんの役割がまわってきても、期待に応えられるような覚悟と想定を持って国会に挑んでいかなければならないということでした。

内閣・総務・法務・外務・財務金融・文部科学・厚生労働・農林水産・経済産業・国土交通・環境・安全保障・国家基本政策・議院運営・懲罰・災害対策・政治倫理の確立及び公職選挙法改正・沖縄及び北方問題・北朝鮮による拉致問題・消費者問題・科学技術・イノベーション・東日本大震災復興・原子力問題調査・地方創生・憲法審査会・情報監視審査会・政治倫理審査会など、分野は多岐にわたります。

なんのお役をいただいたとしても、担当大臣、専門の政府担当者を相手にしっかりと渡り合えるような想定と準備を行い、皆様の期待に応えられるような研鑽を積まなければ国会議員は務まらないということです。

その後、さまざまな経験を積み、各種委員会でも質問を重ねてきました。ご興味のある方は、「衆議院　インターネット審議中継　中谷一馬」で検索すると録画放送が見られるようになっていますので、よかったらご高覧ください。

内閣総理大臣に国会で初論戦を挑むという経験

2018年3月30日、立憲民主党を代表して衆議院本会議に登壇しました。

きっかけは辻元清美国対委員長（当時）からの指名でした。辻元さんとは衆議院議員になってから初めて交流をもたせていただきましたが、気さくで明るく後輩のことも気にかけてくださる姉貴分のような方です。

私が辻元さんのもとで国会対策委員長補佐として仕えている時にも、「一馬は、弁当当番とか人が嫌がる地味な仕事もいつもしっかりとやってて偉いなぁ」と下っ端の仕事をちゃんと見ていてくださり、評価をしてくれました。支える者としては、こうした上司の何気ない一言がとても励みになります。

そして私の登壇を指名してくださった時にも、「貧困育ちの原体験のある一馬がやるのが一番ええよ。がんばりや」と背中を押してくれました。また登壇に際しても丁寧にアドバイスをくださり、あたたかくご指導をいただきました。

総理大臣入りの重要広範議案を審議する本会議で、野党第一党が当選半年の新人を登壇させるということは前代未聞だったと思います。辻元さんは、「私らが若い子達を育ててあげなきゃいけない」という懐の深い先輩で、私以外の1期生にも全員に何かしらの出番を作ってください ました。

衆議院本会議の本番では、重要広範議案「生活困窮者自立支援法等改正法案」と野党提出「子どもの生活底上げ法案」について問いました。

まず、「自分自身が母子世帯の貧困家庭で育った原体験から、世の中の『貧困』と『暴力』を根絶したい。『平和』で『豊かな』社会がいつまでも続く世の中を創りたい。そんな想いで政治の道を志した」と表明しました。その上で政府案に対し、子どもの貧困対策、貧困の連鎖解消に本気で取り組む立場から、

(1) 憲法で規定されている「健康で文化的な最低限度の生活」に対する認識
(2) 生活保護受給者にのみジェネリック医薬品使用を原則化することは人権侵害ではないか
(3) 生活保護基準の引き下げの撤回
(4) 法案提出にあたり生活困窮世帯の話を聞いたことがあるか
(5) 進学準備給付金は、生活保護世帯の子どもがちゃんと進学できる額を給付すべき
(6) 教育費用の無償化を推進し、経済的な理由で進学を断念する子どもをゼロにする取り組みを進めるべき

衆議院本会議に登壇

（7）大学等の進学の妨げとなる世帯分離についての運用改善

などについて安倍晋三内閣総理大臣の見解をうかがいました。また私が、

「私から見て、政府提出法案に最も足りないのは、市民生活に対する想像力と社会的弱者に対する共感力です。総理は今までの人生の中で、生活するお金がなくて困った経験はありますか。エピソードなどあれば教えてください。国民生活に大きな影響を与える立場にある者が、生活者の声を聞くことなく、算盤だけを弾いて、実態を踏まえない、机上の空論で政策を作れば、苦しむのは国民です」

と迫った際に、安倍首相から「私には生活するお金がなくて困った経験はありません。想像力と

郵 便 は が き

料金受取人払郵便

代々木局承認

6948

差出有効期間
2020年11月9日
まで

1 5 1 8 7 9 0

203

東京都渋谷区千駄ヶ谷 4 - 9 - 7

(株) 幻 冬 舎

書籍編集部宛

1518790203

ご住所 〒 都・道 府・県	
	フリガナ お名前
メール	

インターネットでも回答を受け付けております
http://www.gentosha.co.jp/e/

裏面のご感想を広告等、書籍の PR に使わせていただく場合がございます。

幻冬舎より、著者に関する新しいお知らせ・小社および関連会社、広告主からのご案内を送付することがあります。不要の場合は右の欄にレ印をご記入ください。 不要 □

本書をお買い上げいただき、誠にありがとうございました。
質問にお答えいただけたら幸いです。

◎ご購入いただいた本のタイトルをご記入ください。

『　　　　　　　　　　　　　　　　　　　　　　　　　　』

★著者へのメッセージ、または本書のご感想をお書きください。

●本書をお求めになった動機は？

①著者が好きだから　②タイトルにひかれて　③テーマにひかれて
④カバーにひかれて　⑤帯のコピーにひかれて　⑥新聞で見て
⑦インターネットで知って　⑧売れてるから／話題だから
⑨役に立ちそうだから

生年月日	西暦　　　年　　月　　日（　　歳）男・女			
ご職業	①学生	②教員・研究職	③公務員	④農林漁業
	⑤専門・技術職	⑥自由業	⑦自営業	⑧会社役員
	⑨会社員	⑩専業主夫・主婦	⑪パート・アルバイト	
	⑫無職	⑬その他（　　　　　）		

このハガキは差出有効期間を過ぎても料金受取人払でお送りいただけます。

ご記入いただきました個人情報については、許可なく他の目的で使用することはありません。ご協力ありがとうございました。

共感力が欠如しているのではとの批判は、甘んじて受けなければならない」と答弁がありました。私が見た中では、初めて安倍首相の答弁で率直な言葉が返ってきましたので、少し驚きましたが、真摯に向き合ってくれたことをありがたく思いました。

内閣総理大臣に対して議論する機会を与えていただいた、地元有権者の皆様と会派の仲間達には心から感謝御礼申し上げます。

未来への投資がされていない日本

「チルドレン・ファースト」——未来を担う子ども・若者世代への投資の拡充は、少子高齢化の抜本的な対策や持続的な社会保障を堅守する上で必要不可欠で、先進国であればどこの国でも優先される政策です。

教育機関への公的支出（GDPに対して占める割合） 36位／OECD36か国（2016年）
大学生への公的支出 36位／OECD36か国（2016年）
ひとり親世帯の貧困率 34位／OECD35か国（2016年）

幼児教育に対する公的支出　32位／ＯＥＣＤ32か国（２０１６年）
子どもの貧困の度合い（貧困の深さ）　34位／41か国（ユニセフ、２０１６年）
1クラスあたりの生徒の数　29位／ＯＥＣＤ30か国（２０１７年）
教員の仕事時間　26位／ＯＥＣＤ29か国（２０１８年）
ジニ係数（所得分配の不平等さを測る指標）　26位／ＯＥＣＤ36か国（２０１７年）

これらは、今の日本の教育、子育て、所得、貧困などを表す数字ですが、いずれも先進国の中では低水準です。

現在、子どもの貧困は、７人に１人が貧困状態という過去最高の値を更新しました。学校の上履きを買えない子ども達、給食でしか栄養が取れないような子ども達がいます。都市部に住んでいると理解しにくいかもしれませんが、たとえば沖縄県では、３人に１人が貧困状態です。これは昭和の時代のドラマの話ではありません。平成から令和へと変わった現在、目の前で起こっている現実として、私達がそれを理解できているのかという問題です。

あたりまえのことですが、子どもは自分の努力だけでは、貧困から抜け出すことはできません。子どもにできることは限られているので、その子どもが自分の努力だけでは乗り越えられない壁を突破する力は、やはり社会が補わなければなりません。

よく言われるのは、「魚が欲しい子に魚を与えるだけでは仕方がない。魚の捕り方を教えなければ意味がない」ということです。魚の捕り方を教えるよりも、その場で魚を与えた方が楽かもしれません。そして問題がなくなったように見えるかもしれません。しかし、実際には根本的な問題が何も解決はしていないという現実が残ります。

ひとり親家庭のお父さん・お母さんが働きながら子育てができるようにするにはどうすればよいのか、働くのが困難な人達はどうすればそれを乗り越えられるのか。子どもの立場で言えば、学校に行きたくても行けない子ども達が、どうすれば行けるようになるのか、勉強することができるようになるのか。この問題を社会が真剣に考えず、放置すれば、自分達の将来に必ずひずみが出てくるということを理解する必要があります。

それは、その子どもの将来にとってももちろん必要なことですが、巡り巡って、日本の将来にも関わってくる大きな問題です。子どもの貧困を放置すると総額で約40兆円の社会的損失が出るという推計があり、未来を担う子ども達への支援の拡充は、社会的にも、経済的にも必要不可欠です。

そうした中、現在の日本は教育や子育てといった若者向けの社会支出が欧州諸国と比較して低水準です。教育費支出に関して言えば、経済協力開発機構（ＯＥＣＤ）37か国の対ＧＤＰ比平均が５・０％である中、韓国は５・４％支出し15位であるのに対して、日本は４・０％の支

●OECD諸国の教育機関に対する支出の対GDP比（2016年）

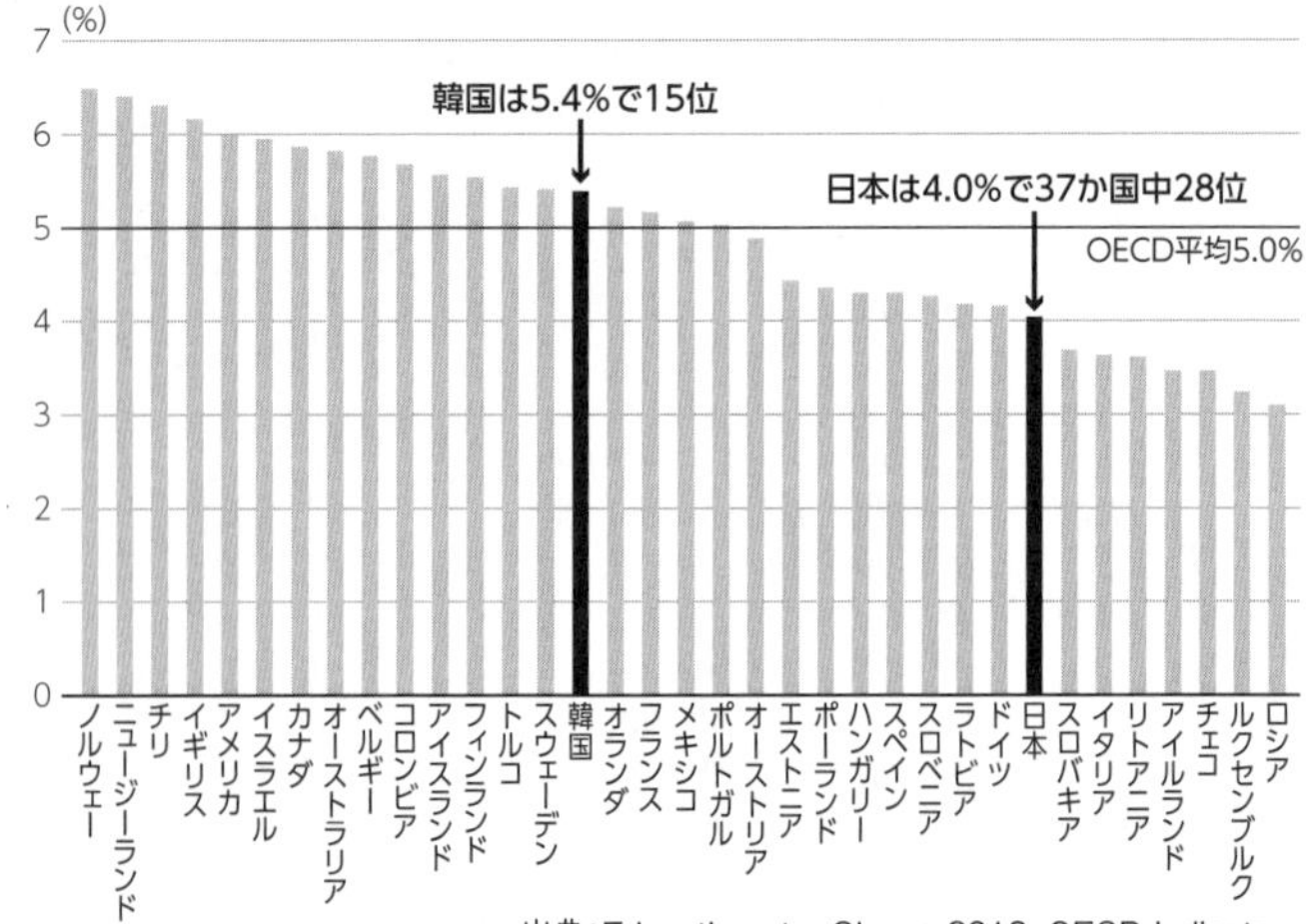

出典：Education at a Glance 2019: OECD Indicators

出で28位と大変低い水準です。

経済的な意味合いでも子どもへの投資効果というのは非常に高く、逆に子どもへ投資をしない損失は計り知れません。

若者や子ども達は、日本の将来を担う宝物であり、一番の「成長分野」ですから、教育の機会均等化、無償化をゴールとした負担軽減はもとより、子育て、教育については、社会全体で引き受けられるように積極的な投資を行うべきだと考えます。

子どもの貧困問題は、親の貧困問題と直結します。親の経済的貧困が教育格差を生み、子どもが低学力・低学歴になった結果、就労状況が不安定になり、その子どもが親になった時にまた経済的貧困に陥るという貧困の世代間連鎖が起こる状況は、データで証明されています。

大阪府堺市の調査によると、市内の生活保護世帯のうち、過去に生活保護世帯で育った経験があるのは25・1%で、母子世帯では、その割合は40・6%に上ります。

親も生活保護でギリギリの生活をしているので、子どもに充実した教育環境を与えることができず、サポートに入るべき行政も人手と知恵が不足し、現金給付がメインとなっており、抜本的な改善が図られていない現状があります。

こうした状況下で育った子ども達の中には、親の貧困が一要因で道を逸れ、教育を十分に受けられず、低学力・低学歴になった結果、就労状況が不安定になり、生きていくためのお金を稼ぐことが困難となる若者達がいます。生きていけない環境だからこそ、現状に反発します。私もその当事者の一人でした。そして行きすぎた反発が犯罪などに繋がり、社会の基本的なレールから排除された若者達を私は何人も見てきました。

そんな負の連鎖が繰り返された末路として、格差が固定化し、その子ども達が大人になった時にまた経済的貧困に陥るという貧困の世代間連鎖は、大きな社会問題だと私は考えています。人種差別のように何かを排除する論理で政策を前に進めてしまったり、こうした問題に無関心で放置してしまうとその不満がどこかで必ず爆発します。その結果、対策費よりも多くのソーシャルコストがかかります。

貧困の連鎖や格差の固定化を放置する社会は不安定化し、持続的な発展はあり得ませんので、こうした課題に目を向けて抜本的な解決を図ることが求められています。

高すぎる学費と少なすぎる学生支援

労働者福祉中央協議会が行った「奨学金や教育費負担に関するアンケート調査」によれば、高等教育負担の軽減策で実現してほしいこととして、「大学などの授業料の引き下げ」と答えた人が72・4％、「学費の減免制度の拡充」が56・6％、「給付型奨学金の拡充」が48・2％、「貸与型奨学金を無利子にする」が40・2％でした。

ちなみに1975年時点の大学における初年度納入金（授業料＋入学金）の平均額は、国立が8万6000円、公立が5万2915円、私立が27万8261円でした。それが2019年現在の平均額を見ると、国立で81万7800円、公立で93万1125円、2018年は私立で115万4131円と急騰しています。

約40年前と比べて物価は約2倍となっていますが、国立の初年度の費用は約9・5倍、公立の費用は約17・6倍、私立の費用は約4・1倍となっており、相対的に学費負担が高くなっている現状がデータからも明らかです。

その一方で、ＯＥＣＤ34か国中、フランスやドイツなど17か国では大学授業料が無償化されています。私は、すべての子ども達がその子達にとってより良い教育を受けることができる社会の実現を目指すことが不可欠であると考えています。

教育基本法第四条に、教育の機会均等が記載されていることに鑑みれば、幼児教育、初等教育、中等教育、高等教育などの教育環境を子ども達に保障すべく、教育費の無償化を漸進的に進めるべきです。

世界的に見ても極めて高くなってしまった学費の負担を軽くするために、環境整備として国立大学校運営費交付金や私学助成を拡充すると同時に、授業料等減免制度、給付型奨学金については、大学院生も利用できる制度にして、支援対象となる学生の範囲を世帯年収３８０万円以下程度の住民税非課税のみに限らず、経済的に修学することに苦慮している子ども達が幅広く利用できる制度に拡充すべきです。

本来「奨学金制度」というものは、他の貸付制度とは異なり、我が国の将来を担う若者を見守り支える制度であるべきです。

また同アンケート調査によれば、奨学金返済による生活への影響として、結婚に影響していると答えた人が34・8％（正規雇用34・5％、非正規雇用36・7％）、出産に影響していると答えた人が27・5％（正規26・9％、非正規31・6％）、子育てに影響していると答えた人が30・1％（正規29・8％、非正規33・3％）。この現状を放置すれば、当然ですが未婚化、少子化に歯止めはかかりません。

日本の長期的な発展を見据えた時に、少子化対策と教育への投資は不可欠で、出産・育児・教育にかかる基礎的な国民負担は実質的に無償化することが、持続可能な社会を作ることに直結すると確信を持っています。

現在、日本学生支援機構の奨学金には、無利子の第一種と有利子の第二種があります。2018年度、無利子奨学金を利用している人の総数は225万人、貸与総額が2兆8291億円余りと微増していますが、有利子奨学金を利用している人の総数は約369万人で、15年前の約3・9倍。貸与総額が6兆6775億円余りで15年前の2・4倍であり、有利子奨学金の規模が拡大を続けている現状があります。

奨学金が、経済的理由により修学に困難がある優れた学生等に対し、教育の機会均等及び人材育成の観点から経済的支援を行うことを目的としている制度ならば、外部からの財政融資資金等を受けて年利350億円を苦学生上がりの社会人からむしり取り、メガバンクなどの機関投資家に納めるような組み立てではなく、国が責任を持って一般会計から必要額を支出し、基本的にはすべての奨学金を無利子で貸し付ける制度に移行すべきだと考えます。また、延滞金賦課率が現状では5％となっていますが、返済困難の大きな要因となる「延滞金」は廃止することを検討すべきです。

どんな子どもでも平等にサポートする

話が少し本題から離れますが、犯罪加害者家族を支援しているNPO法人「World Open Heart」が、次の問いを投げかけ、ワークショップを行っています。

太郎さんには専業主婦の妻と3歳になる息子がいます。しかしながら太郎さんは花子さんという女性と不倫をしています。ある時、妻と別れようとしない太郎さんに腹を立てた花子さんが、妻と離婚しなければ二人の関係を家庭や職場にばらすぞと迫りました。そして口論の末に太郎さんが花子さんを殺害するに至ったという事例があった時に、この事件において太郎さんの妻と息子は加害者であるか、被害者であるか。

皆様は太郎さんの妻と息子は加害者だと考えますか？　それとも被害者だと考えますか？

罪を犯した人達は、社会的に罰せられます。これはあたりまえのことです。

そして凶悪な犯罪による被害は、いつ誰の身に及ぶかは誰にもわかりません。犯罪被害に遭うことは、大変つらく悲しいことですので、犯罪被害者がいつでもどこでも支援が受けられる支援体制の構築が不可欠です。

我が国においても、犯罪被害者等基本法が施行されて以降、犯罪被害者の権利利益の保護をする施策が全国的に進んでいます。

その一方で、現在、犯罪加害者の子ども達が偏見や差別にさらされたり、さらには人権を否定されたりするようなことが社会問題になっています。

このことは日本社会においても問題視されており、NHKクローズアップ現代「犯罪〝加害者〟家族たちの告白」、映画『誰も守ってくれない』、鈴木伸元氏の著書『加害者家族』など、犯罪加害者家族が取り上げられた社会問題を提起するような作品も見られます。

罪を犯した当事者には当然、責任があります。当事者の周りにいた大人、たとえば親や配偶者には、事前に何かできたかもしれないという意味では、一定の責任が問われることもあり得るかもしれません。しかし、子どもにはなんの責任もありません。

ただ残念ながら、こうした犯罪加害者の子ども達を相手にマスコミが連日連夜、自宅や学校に押しかけてきて、学校に行けばいじめの対象となり、学校からは「他のお子さんの迷惑になるので学校に来ないでください」と言われて、結局、転校せざるを得なくなるという事例が報告されています。

こうした現状は、その子どもが不幸になるだけではありません。社会からそういう子どもを排除した結果、その子ども達は社会的に生きていくことができなくなってしまいます。生きていけないからこそ、現状に反発し、行きすぎた反発が新たな犯罪に繋がってしまうといったような連鎖が繰り返されます。

人種差別のように何かを排除する論理で政策を前に進めてしまったり、排除に対して無関心のまま放置してしまったりすると、不満がどこかで必ず爆発します。

だからこそ私達国民は、こうした問題を根本的に解決するためには、どうすればいいのかを本気で考えなくてはなりません。

こうした問題のケアは本来的には行政が行わなければならないのに、そういうアプローチが日本ではまったくといってよいほどできていません。

私は、どんな境遇・環境にいる子ども達に対しても平等に教育の機会を与えることができる社会を構築したいと思います。親がどんな人でも、障害があっても、病気でも、マイノリティでも関係なく子ども達が健やかに育つことのできる環境を整備していくことが日本の健全な発展に繋がると確信を持っています。

犯罪学者のトラヴィス・ハーシが「社会的絆理論」の中で、「人は社会との絆がある時には犯罪を思い留まるが、愛着・コミットメント・規範意識・関与の社会的な絆が弱まった時は犯罪を起こす」ということを検証しています。

犯罪加害者家族の支援をすることは、犯罪加害者が刑務所から出所した際に、絆の受け皿を作ることになり、それが再犯の防止にも繋がり、結果として社会の利益になります。欧米諸国ではこうした事実を踏まえて、犯罪加害者家族支援では親が逮捕・受刑中の子ども達への支援に対してとくに力が入れられており、子ども達への経済的・心理的支援が行われています。

加害者の子ども達への支援が社会的に認められているのは、親の状況に左右されずに健康に育つという子どもの権利擁護に加え、親が犯罪者というスティグマ（烙印）によって自傷行為や非行、犯罪の世代間連鎖を断つという目的意識が共有できているからであると考えられています。

犯罪が起こると、「なぜ犯罪を起こす要因を作ったのか？」と加害者家族を非難する論調が巻き起こることがありますが、犯罪加害者家族にはいつ誰がなるかわかりません。

以前、18歳の少年が運転する車が小学生の列に突っ込み、小学生が意識不明の重体になるという痛ましい事故がありましたが、家族が車で交通事故を起こして、悪意の無い犯罪加害者になる可能性は誰にでもあります。そして、家族が起こした犯罪に巻き込まれた判断能力を持っていない子ども達は被害者であると考えます。

自ら選択できない属性によって差別に晒される加害者家族の子ども達を適切に保護することができなければ、子ども達は健全に成長できず、貧困の世代間連鎖のような負のスパイラルを社会的に生み出すことになります。

児童福祉法第一条には、「全て児童は、児童の権利に関する条約の精神にのっとり、適切に養育されること、その生活を保障されること、愛され、保護されること、その心身の健やかな成長及び発達並びにその自立が図られることその他の福祉を等しく保障される権利を有する」と書かれているので、当然ながら犯罪加害者家族の子ども達の権利を保障する必要があります。

今後もダイバーシティを重んじた視点で、子ども達の明るい未来を彩る政策の提言を続けていきます。

デジタル国家・エストニア視察

2018年5月に、衆議院議員の初鹿明博さん、高井崇志さん、長尾秀樹さん、山崎誠さん、松平浩一さん、神奈川県議会議員の菅原直敏さん、ユースデモクラシー推進機構の仁木崇嗣さん、Public dots & Company の山口勉さん、インスパイアの渡邉一徳さん、通訳をお手伝いしていただいた片柳ボナフェデ典子さん等とともにエストニアに視察に行きました。

エストニアは、ラトビア、リトアニアと並ぶバルト三国の一つで、1918年ロシア革命後に独立し、1940年にソ連に併合され、1991年ソ連崩壊とともに独立した国。人口は132万人、つまり青森県の人口とだいたい同じ。面積は4・5万平方キロメートルなので、九州と沖縄を足したくらいの広さの国。1人あたりのGDPは1万5945ユーロと日本の半分以下。エネルギー需要の半分は外国に依存している国です。冬は気温がマイナス20度まで下がり、日照時間は6時間程度。

1991年の独立後、主たる産業や資源もない中で、ITを活用して生産性を高めるために積極的投資を進め、通信インフラとインターネット環境の整備、さらには行政文書の電子化を進めました。NATOやEUに加盟していますが、国境を接しているロシアの脅威があり、2007年にはロシアの関与が疑われている大規模なサイバー攻撃を受けました。これがきっかけとなり、国がサイバーセキュリティに力を入れ、今では世界最先端のIT先進国になりました。

どの程度のIT先進国なのかというと、99%の公共サービスはデジタル化されており、法人設立は98%がオンラインで手続きされ、18分程度でできるというすごさです。また銀行取引は

99・8％がオンライン、確定申告も95％がオンラインで行われています。そして、インターネット投票を実現している国でもあります。そんな未来国家と呼ばれるエストニアから、デジタル化について学びたいと考えての視察でした。

最初に在エストニア日本国大使館の柳沢陽子大使を表敬訪問し、エストニアの状況について説明をお聞きしました。その後、最初に通されたのが、e-Estonia Showroomと呼ばれる場所。そこで電子政府政策に関する話を聞きました。

エストニアがデジタル化に投資している額はGDPの1％ですが、デジタル化によってGDP2％分の予算削減効果があり、その金額は軍事費に匹敵するそうです。また、毎月東京タワーの高さに匹敵する300m分の紙が節約できているという話も印象的でした。

エストニアは、「起業家活動指数」がヨーロッパで第1位。国の税制が中立で競争力があるかどうかを示す「国際税務競争力指数」もOECD諸国の中で第1位であることから、起業にとても適した国であることもわかりました。それを示すように、e-Estonia Showroom内には、エストニアのスタートアップ企業によるプロダクトやサービスが展示されていました。

そんなデジタル化を支えるインフラ技術も勉強になりました。900以上の機関とデータベースを繋ぎ、年間5億回以上のトランザクションに耐えるX-ROADというインフラ。さらにセキュリティ面では、「KSIブロックチェーン」というブロックチェーン技術が使われており、個人認証には２００２年に15歳以上の国民に保有が義務付けられたＩＤカードが使われている点。国民１３２万人中、約１２０万人がこのＩＤカードを保有しています。氏名、生年月日、11桁の国民ＩＤ番号が記され、ＩＣチップには電子証明書が記憶されているため、運転免許証、健康保険証、交通機関の定期券などに活用され、ネットバンキングや銀行口座の残高照会などにも使われています。

秘匿性を担保しつつ、データの安全性、そして何よりユーザーファーストの観点が素晴らしいと感じました。

いわゆる、ユーザーから情報を聞いたら二度と聞かない「ワンスオンリー」、集めたデータの所有権は国民が有し、政府はどのように使われているか国民に知らせなければならない「データオーナーシップ」、最初からデジタルであるべきとする「デジタルデフォルト」です。そして、それは毎年８４０年分の時間を節約していました。

e-Residency Office という場所では、カスパー・コルジャスさんから e-Residency というプログラムについて話を聞きました。このプログラムは、エストニアの目玉政策の一つです。

e-Residency とは、外国人でも仮想エストニア国民として認証することができるプログラム。当時、１６１か国、３万９０００人を超える人々が認証を受けていたのですが、このプログラムで認証を受けると、エストニアの企業が提供する電子サービスを利用できるのです。

また、カスパーさんは国家によるイニシャル・コイン・オファリング（ＩＣＯ）、エストコインを仕掛けようとした人物でもあり、50年後、貨幣に代わるトークンエコシステムを一般化させ、ＡＩ（人工知能）に力を与えて、社会統合を行う構想があるとのことでした。政府関係者とは思えないビジネス的な視点での話は大いに学ぶことがありました。

さらに、スタートアップの話題で言えば、Tallinn Science Park Tehnopolでは、早くスケールするか、早く失敗するかというコンセプトのもと、15年間で２２３件のスタートアップを輩出し、現在も65％の企業が事業を継続しているそうです。ちなみに、敷地内にはあのSkypeの創業地もありました。

タリン工科大学においても、起業家の育成と産学連携に注力されていました。

政府は、Startup Estoniaというプロジェクトを推進しており、スタートアップ、インキュベーター、アクセラレーターが連携し、スタートアップの形成を目的に動いていました。１人あたりのスタートアップ数とシードステージ投資件数がヨーロッパで最も多いそうです。

eガバナンス・アカデミーという場所では、元国会議員であり、タルトゥ市の副市長でもあるハネス・アストクさんからお話を聞きました。ハネスさんは、電子政府構想の中核を担った人物です。

「日本でもマイナンバー制度を進めているが、必ず個人情報漏洩の心配の声が上がる。エスト

ニアではそういう声はなかったのか？」と質問したところ、ハネスさんは、

「エストニアでも心配の声はあったが、デジタルの方がアナログよりセキュリティは高い。紙だと覗き見やコピーされてもわからないが、デジタルならばアクセス履歴が残る。これを本人が確認できる仕組みを作った。そもそも政府はすでに国民の個人情報を持っている。そのことを国民に理解してもらうために時間をかけて説得した。紙も残すし、強制ではない。やっているうちに国民が利便性を実感し、徐々に普及していった。利便性を実感した若者達が、高齢者を教育していった面もあった」

と答えました。日本と違うのは、国会議員や政府幹部に若い世代が多い点。年齢的な要素がデジタル化を推進できた一因だと感じました。

その後、日本の中央選挙管理委員会に相当する、国家選挙事務所を訪問し、インターネット投票についての話をうかがいました。エストニアでは、２００５年の地方議会選挙からインターネット投票を始めており、２００９年には国政選挙でもインターネット投票を実現しています。欧州議会議員選挙も含めると、その数、実に９回。２００５年のインターネット投票による投票率は２％でしたが、現在では約40％まで増えているそうです。

選挙の２週間前に届くメールにリンクが張られているので、それをクリックすると選挙用ウエブサイトに移動します。このサイトから、投票用ソフトをダウンロードすると、ログイン画

エストニア視察の様子

面に入れます。ログインに必要なものは、IDカードとカードリーダー。自身の暗証番号を使いログインすると投票画面になり、候補者をクリックすれば投票が終了するという仕組みです。所要時間にすると、わずか1～2分。電子投票を導入した理由は、国民の利便性を高めるためとのことでした。

また、エストニアにおいてインターネット投票が導入されて、相対的に投票率が一番増えた層は高齢者。インターネット投票といえば、デジタルネイティブの若者達のためのものと錯覚されがちですが、インターネット投票が実現しているエストニアにおいて、最も投票率を上げたのは高齢者だったのです。本当は投票に行きたいけれど物理的なハードルの高さに断念していた人々がインターネット

ブロックチェーンに精通した世界各国の有識者が招待された会議にて、エストニアのカリユライド大統領（前列左）と

投票の実現により、どこにいても簡単に投票できるようになったことがその理由です。

また、誰に投票したかという秘密は守られる仕組みになっています。選挙期間中であれば何度でも投票が可能で、最後に投票した票が有効です。

ちなみに、実際に複数回投票する人は少なく、インターネット投票17万6000票のうち、複数回投票したのは4600票、投票所へ行って投票し直したのは163票だったそうです。

「サイバー攻撃による不正選挙（改竄《かいざん》など）の恐れはどうか？」という質問に対しては、

「もし選挙期間中にサイバー攻撃があれば必ずわかるし、インターネット投票であっても投票日にすべて確認する仕組みになっている。インターネット投票専用のアプリケーションを用意しており、電子申請やオンラインバンキングなどよりも厳重なセキュリティを確保している」

との答えでした。

私は、このエストニア視察がきっかけとなり、インターネット投票を実現する活動をライフワークとして進めていくことになりました。

インターネット投票はなぜ必要か!?

帰国後はインターネット投票の実現に向けて、さまざまな活動を始めました。

私は、次世代の政治家には、さまざまな課題を解決すべく進化し続ける最先端技術を駆使したデジタル化を推進していく力が必須だと考え、公共政策×テクノロジー＝Publitec（パブリテック）によるPolitical Innovationの研究を行いたいと考えました。

そしてご縁をいただき、進学したのがデジタルハリウッド大学大学院。そこで研究テーマとしたのが「インターネット投票」でした。

新型コロナウイルスが蔓延した２０２０年における選挙結果を見ても、ますますインターネット投票の必要性を感じました。

2020年4月26日、衆議院静岡県第4区における補欠選挙が行われました。阪神・淡路大震災、東日本大震災の発災時には内閣が提出した特例法において、統一地方選挙の期日を一定の地域にて延期したという事例がありましたが、今回は全国に緊急事態宣言が出され、新型コロナウイルスの感染拡大が拡がっている状況下で選挙が実施され、投票率は34・1%。前回の2017年衆議院選挙と比べると投票率は約20ポイント下回り、この選挙区では過去最低の投票率。憲法に保障された国民の参政権を確保し、有権者の民意が十分に反映されたと見なされ得る形で、適切な選挙を執行することは困難である中での結果でした。新型インフルエンザ等対策特別措置法に基づく緊急事態宣言が発令され、新型コロナウイルス感染症対策の厳戒下にある社会情勢の中で、マスクやアルコール消毒液などが国民へ十分に行き渡っていませんでした。そうした状況下において、そもそも選挙を強行することが正しい選択だったのでしょうか。

選挙は民主主義の根幹を成す大切な行為であり、投票はかけがえのない権利です。しかしながら、自分自身の生命を危機に晒すリスクを冒さないと実現できない選挙制度では、民主主義の意味をなしません。

投票所並びに開票所においては、集団で紙を扱う作業となるため、多くのクラスターを発生させる可能性が高くなります。人々の集まり及び人々が紙と触れ合う作業は濃厚接触機会を増やすこととなり、集団感染リスクを助長することになると懸念を持つ方は、当然ながら自分の身を危険に晒してまで、投票に行こうとは考えず、多くの人が投票を辞退する結果になったのだと推察します。

こうした状況等に鑑みても、私は今の投票制度に不自由を感じているすべての人に向けてインターネット投票を実現すべきであると考えています。

そうした中、現在政府においても在外選挙におけるインターネット投票の実証実験が進められています。憲法で保障されている参政権の確保、基本的人権の保障を行う観点からも、国内の選挙においても自宅から投票が行えるようインターネット投票を実装することが不可欠だと考えていますので、政府に対して提言を交えながら質問を行いました。

すると、安倍晋三内閣総理大臣名で次のような答弁が返ってきました。

「『日本国内においても自宅等で選挙に関する情報収集及び投票が行えるようにインターネット投票の実装を進める』ことについては、投票立会人不在の投票を特段の要件なしに広く認めることに関して、選挙の公正確保等との関係から議論が必要であるほか、大規模なシステムを構築することに伴う安定稼働対策や大規模なシステムの構築及び維持に要するコスト等の論点も克服することが必要であり、これらの課題の検証とともに、インターネット投票に関する幅広い関係者の理解の促進等を着実に進める必要があると考えており、また、選挙制度の根幹に関わる事柄であり、各党各会派における議論も踏まえる必要があると考えている」

さまざま記載されていますが、これらの議論は、エストニアにおけるインターネット投票制度においてはすべてクリアされている内容です。

まず、投票立会人不在の投票を、特段の要件なしに広く認めても選挙の公正確保ができるのかについては、エストニアのインターネット投票はやり直しが認められているため、干渉や強制された投票は後から上書きをすることが可能です。

また、投票の秘密についても、エストニアの事例を見てもわかる通り、投票内容は暗号化されていますので、誰が誰に投票したのかを覗き見ることや内容の改竄はできないシステムが実装されています。

そして、大規模なシステムを構築することに伴う安定稼働対策や大規模なシステムの構築及び維持に要するコスト等の論点についても、エストニアではクリアされており、むしろコスト面においては、現状の日本でかかっているコストから比べれば大幅に改善することが期待できる可能性があります。

エストニアでは、インターネット投票を行う人の比率が4割となり、経費は6割減ったと言われています。

2018年にエストニア・タリン工科大学の4人の研究者によって発表された論文では、2

017年の地方選挙における投票方法ごとの一票あたりコストが計算されています。

彼らの計算によると一票あたりのコストは、
・インターネット投票　2・32ユーロ（約269円）
・投票所における期日前の投票　20・41ユーロ（約2365円）
・投票所における投票日の投票　4・37ユーロ（約506円）
となっています。

日本の国政においては、直近の参議院選挙、衆議院選挙、最高裁判所裁判官の国民審査に要する経費及び臨時啓発費の総額が約1202億7970万円。47都道府県、20指定都市、23東京特別区の首長、議会議員選挙費用の総額は約854億2618万円。残り1698の市町村が存在するので、約854億2618万円＋αとなっています。

仮にこれをエストニアのように6割削減できたとしたら、衆参合わせた国政選挙1回あたりの総額で約721億6782万円の削減となります。

また、47都道府県、20指定都市、23東京特別区の首長、議会議員選挙経費で約512億5570万円の削減額となり、総額は、約1234億2352万円の削減額となります。これに残り1698の市町村の首長選挙、議会選挙も加えれば削減額はもっと大きくなるでしょう。

短期的な導入コストはかかりますが、中長期的ランニングコストを見れば大きな削減に繋が

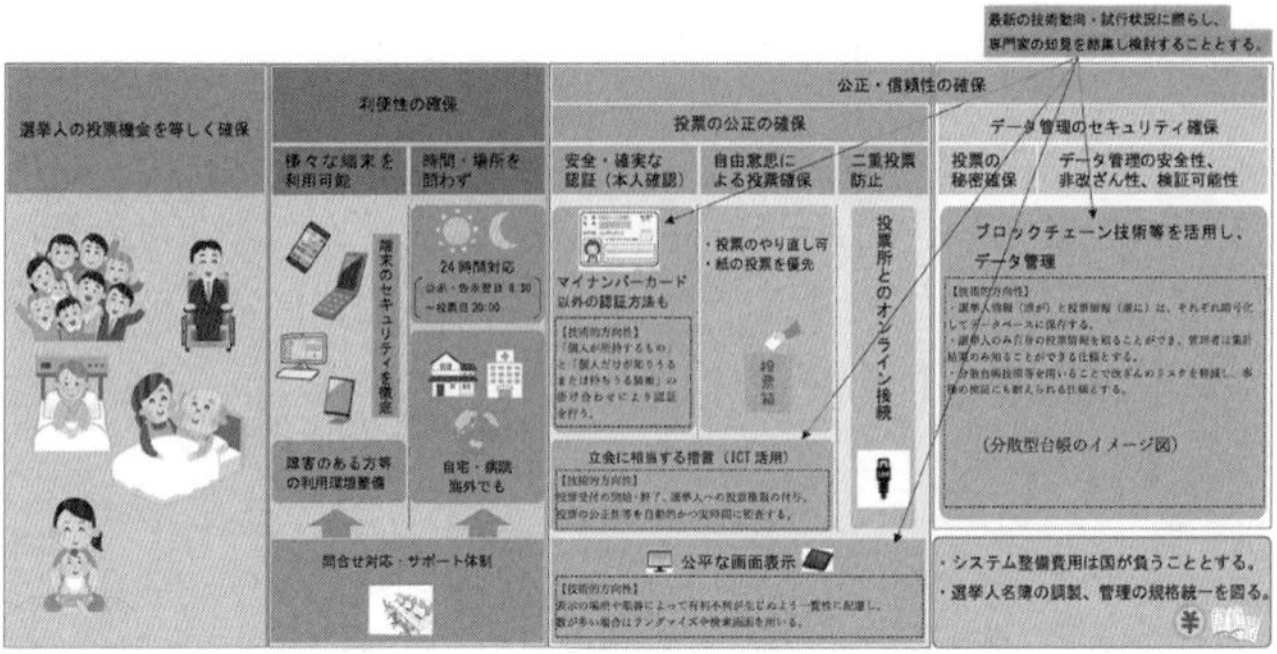

インターネット投票システムのイメージ

り、行政改革のビジネスモデルとして成り立つと考えます。コスト・参政権の確保・利便性などの観点から考えればインターネット投票は速やかに実現すべきです。

そこで、隗《かい》より始めよということで、早稲田大学大学院教授の斉藤賢爾さん、VOTE FORの市ノ澤充さんらにお力添えいただき、インターネット投票法案とイメージ図をまとめ、PoliPoliでプラットフォームを作成し、政策を公開しました。

大学院では結果として、インターネット投票についての研究成果を認めていただき、修了課題制作においてＭＶＰを受賞し、大学院を首席で修了しました。

デジタルハリウッド大学大学院において、杉山知之学長、吉村毅代表、池谷和浩事務局長、そして恩師の本多忠房教授など皆様に献身的にご指導をいただいたおかげでした。

修了生を代表して謝辞を読んでいる時には、「中卒で社会に出た自分が大学院を修了するなんて夢にも思わなかったな」となんだか感慨深い想いでした。

今後も、テクノロジーの発展とシステムの社会実装を通じて、人々の生活を持続的に豊かにすることを目標に夢のある未来を創るために尽力していきます。

エイプリルフールに嘘みたいな結婚

雲一つない晴天となった2018年8月5日。深田友美さんと結婚式を挙げました。

友美さんとは学生時代に出会ってから11年間。付き合ったり、別れたり、紆余曲折ありましたが、縁あって2018年4月1日の大安吉日、嘘みたいな結婚というユーモアも込めてエイプリルフールに婚姻届を提出しました。

二人の出会いの場は、私が学生時代に経営していたダイニングバー。お客さんとして来店してくれたのが、当時薬学部の学生だった友美さんです。

私はその頃、柔道整復師の国家試験の勉強をしていた時期であり、彼女も薬剤師の国家試験の勉強をしていました。国家試験合格という共通の目標に向かって一緒に勉強をするようになり、その後、半年ほどして付き合うようになりました。

その後、私が県議会議員選挙に出ると決めた時、人生の進む方向性に違いが出て彼女と別れ、

その3年後にさまざま話し合って結婚を前提に復縁しました。

衆議院議員選挙で落選し、結婚どころではなくなってしまったのですが、やはりご両親にはご挨拶しなければということで、山口県にある友美さんの実家に挨拶に行きました。

家に上がると、応接室には山口県出身の総理大臣である田中義一さんや佐藤栄作さんの書が飾ってありました。義父の深田慎治さんが山口県防府市で市議会議員を務めていたというのは聞いていましたが、まさか副議長を務めた地元の重鎮だとは露知らず……。その時にさまざまな大臣を歴任された自民党の林芳正さんの後援会長を務めていた方だと知り驚きました。山口県といえば保守本流のど真ん中。内閣支持率も2位の都道府県と10ポイントくらいの大差がつく、自民党の中でもダントツに強い地域です。

そんなところに菅直人元総理の秘書出身で民主党の落選中の候補者が挨拶に行くなどということは、本来あり得ないことだったと思いますが、義父は懐深く受け入れてくれました。

友美さんにもさまざまな不安はあったと思いますが、ご両親と仲良く話している私の姿をみて、家族がこんなに嬉しそうに話してくれる人は他にいないと思ってくれたそうで、結婚に向けた話が前進しました。

結婚が決まった後、河村建夫さん、林芳正さん、岸信夫さん、渡嘉敷奈緒美さん、高村正大さん、藤井基之さんなど義父が親しくしている議員のところに私を連れて行ってくださり、〝党派は違えど、私の息子だからよろしく〟と挨拶をしてくれました。

結婚式では、私の主賓挨拶に立憲民主党の菅直人さん、枝野幸男さん、新婦側の主賓挨拶に自民党の河村建夫さん、林芳正さんと、錚々たる面々が顔を並べてくださいました。約100人の先輩同僚友人達が集結をしてくださり、一生の思い出に残る日となりました。

結婚式の企画に尽力してくれた光井勇人くん、若新雄純くん、永栄梨紗さん、司会を務めてくれた真鍋摩緒さん、堀潤さん、二次会を企画してくれた吉田尚樹くん、今井信くん、運営を取り仕切ってくれた多くの仲間達。お礼を言い出せばキリがありませんが、祝福してくださった皆様に心からの感謝を申し上げ、これからも夫婦二人三脚で支え合いながら人生を歩んでいきたいと思います。

野党分裂後、2019年統一地方選挙に向けて

衆議院神奈川県第7区に関しては、民主党・民進党時代からともに政治活動をしてきた地方議員の方々が、結果として希望の党の候補者を応援されたという経緯がありました。

立憲民主党が結党された後の選挙期間の告示前、「なんとか応援していただけませんか」と全員にお願いしましたが、「民進党本部の指示で、希望の党を全力で支援するという方針が示され、民進党神奈川7区総支部でも、希望の党の候補者を応援すると決めてしまっているので……」という趣旨の返答。組織人としては仕方のないことかなと感じていました。

しかしながら選挙期間中になると神奈川県下の雰囲気はガラッと変わり、各選挙区で民進党で一緒に頑張ってきた人を応援しようと行動する人達が増えました。

阿部知子さんや青柳陽一郎さん、早稲田夕季さんの選挙区などでは、立憲民主党の候補者を民進党の地方議員が支える構図となりました。

また、支援団体の連合神奈川の各産別や単組にも旧民進党の候補者を応援していただいており、私の選挙区においても連合神奈川、横浜地域連合の役員の皆様からも力を入れて応援をしていただいていました。

こうした状況もあり、横浜地域連合の高橋卓也議長や小田泰司副議長達からも各地方議員の皆様に「中谷を応援してよ」とお願いをしていただいていた状況でした。

私も、選挙期間中や投票日の直前頃にも「自民党候補にあと一歩のところまで迫っていますので、なんとかお力を貸してください」と全員にお願いをしましたが、残念ながら表立った支援をいただくことはできませんでした。

こうした中で当選した私にとって、仲間だった地方議員とのこれからの関係や今後の選挙区内における党勢拡大をどのように図っていくのかという方針を決めることは大きな課題になりました。

衆議院議員選挙が終わった直後、民進党はまだ存続していました。衆議院議員は希望の党と立憲民主党に分かれている人が多く、参議院議員はほぼ民進党で活動されていました。

その状況下で選挙後すぐに、「立憲民主党で一緒に活動していただけませんか」と、仲間だった地方議員の方々にお願いをして回りました。

そんな中、応じてくれたのが大山正治さんと望月高徳さん。

大山さんは、私にとっては候補者活動の原点のような人物。私自身が初めて港北区で活動する際に大山さんの評判を聞いて、この人の真似をすれば地域の皆様から信頼していただける人間になれるかもしれないと考え、とにかく彼の動きを学び、勉強をさせていただいたロールモデルのような存在です。

天性の人当たりの良さと優しいルックスに加え、頭脳明晰で的確に物事を判断し、結論までの行動を着実に進める実力者。

そんな大山正治さんとは、何度か二人で話をして、三顧の礼でお願いをしました。

幾度となく話をしていった中で、大山さんからは「中谷さんがそこまで言ってくれたことに心が響くものがあった。私にもいろいろな考えがある中で非常に重い決断ではありますが、ぜひ一緒にやりましょう」と言っていただきました。

大山さんには、いろいろな支援者の背景があり、非常に重い決断をしていただいたであろうと推察できましたが、とにかく一緒にやっていただけることをとても嬉しく思いました。

そして望月高徳さんとは地方議員の当選同期。2011年の統一地方選挙。私は民主党の港北区選出の神奈川県議会議員として、望月さんはみんなの党の都筑区選出の横浜市会議員として初当選しました。出会った時の印象は、華やかにパフォーマンスをするタイプではないが芯が強い人物だと感じました。

深く付き合いを始めたのは2016年、民主党に維新の党のメンバー等が合流して結成した民進党が誕生した時。

江田憲司さんにお声がけをいただき、食事をともにさせていただいた際に望月さんが同席され、「私の仲間で、中谷くんの選挙の人間だからよろしく頼むよ」とご紹介いただき、「私の方こそよろしくお願いします」とご挨拶したのがきっかけです。

政治活動をともにする中でわかったことは、望月さんは、「実直」で「真面目」な義理人情を大切にする人間だということ。そんな望月さんから「今後の活動のことでお話ししたいことがある」と連絡をいただきました。

わざわざ事務所にお越しいただき、「立憲民主党に入党してともに活動したい」と切り出されました。江田さんからも「立憲民主党で政治活動をした方がよい」と望月さんに勧めていただいたとのことで、私からも「江田さんがそうおっしゃってくださっていることはとてもありがたいことですし、望月さんと活動できることは非常に嬉しく存じますので、ぜひよろしくお願いします」と快諾させていただいたという流れです。

私も望月さんも江田さんと政治活動をともにできれば嬉しいと思っているので、お互いにとって一緒に歩める意思決定ができたことは最良の選択肢だったと思います。

また山口裕子さん、川口珠江さんに関しては、政界の引退を考えられており、後継者を立候補させてほしいという打診がありました。

山口さんは、後継者として首藤天信さんを立てました。山口さんからは、2015年の統一地方選挙の時に、「私は次で引退しようと考えています」という趣旨の話を聞いていたので、やむなしの状況でした。

また、「ただ、そう表明すると議会内での発言力がなくなるので、引退の表明は直前まではしない」とのことだったので、私も他言はしませんでした。

そして山口さんからは後継者として、「都筑区の県議会議員は首藤天信に譲りたい」との話がありました。

首藤天信さんは、私が仕えた衆議院議員である首藤信彦さんの御子息。2014年、私が落選してからずっと支え続けてくれた仲間でしたから、ともに活動できることを嬉しく思いました。

また川口珠江さんに関しては、引退せずに立候補していただきたいとお願いしました。港北区の横浜市会議員選挙は8人区で、旧民進党系で3議席の現職がいる選挙区。常に熾烈な戦いが繰り広げられる選挙区であるからこそ、川口さんのような地域で信頼のあるベテランを擁立したいと考えたからです。

しかし残念ながら川口さんに立候補の意思はなく、支援組織からも「組織として後継者を正式に決めたので、よろしく頼みます」との丁寧なご挨拶をいただきました。私は「選んだ道を正解にできるように全力で頑張ります」とお答えし、川口さんの後継者とともに活動することになりました。

そして酒井亮介さん、木原幹雄さんに関しては、一緒に食事をして話し合いましたが、所属している政党でそのまま政治活動を続けるという回答。非常に残念でしたが、ともに活動することができませんでした。

計屋珠江さんに関しては、一緒にやりたいと何度かお願いにうかがったのですが、可否に関する明確なお返事をいただくことはできませんでした。

統一地方選挙の候補者探し

立憲民主党で政権交代を目指す以上、神奈川県第7区においても党勢拡大をしていかなければなりません。神奈川県第7区には、当時自民党の議員が7名いて、最大8名まで議席当選できる可能性のある選挙区でした。

そしてもともと、民進党神奈川県第7区総支部には7名の議員がいました。つまり、立憲民主党としても7名の当選を目指すということが最低限の目標になるということです。

そうした中、県議会議員や市会議員の候補を選んでいく過程で、後援会の支援者の皆様から「今まで中谷さんを応援している議員だと思っていたから、民進党の地方議員達を応援してきたけど、直前でいなくなっちゃったり、応援しなくなる人達を後援会として応援していくのは厳しい。だからこそ候補者を立てるなら絶対に中谷さんを裏切らない人達を応援させてほしい」という趣旨の要望がありました。支援者の気持ちを考えればその通りなので、どうしようかなと真剣に悩みました。

この時点での県会議員や市会議員の候補予定者は、大山正治さん、望月高徳さん、首藤天信さんと川口珠江さんの後継者。最低でもあと3名は選ばなければいけません。

そんな中、白羽の矢が立ったのは、後援会を中心的に支えてくれていた藤居芳明さんでした。

藤居芳明さんとの出会いは、私が17歳の時。離婚して独り身になっていた母に対して、藤居さんが猛アタックしてくださっているとのことで母から紹介されて会ったのがきっかけ。その後、母と藤居さんは再婚して、私にとっては義理の父にあたる人物です。

私が専門学校に進学する時、入学金と初年度の授業料200万円を貸してくれたことがあり、私が学校に行くことができたのは彼のおかげです。

また母の闘病や祖母の介護を献身的に行ってくれ、一家の大黒柱として支えてくれました。

私の選挙の際にも血眼になって手伝ってくれるなど、とにかく信頼していた人物でした。

そんな藤居さんが後援会の仲間達から推されるようになりました。

私から「みんな藤居さんに立候補してほしいって言ってるけどどうする？」と尋ねると、

「一馬の政治の手伝いをしている中で、いろんな人や有権者や政策と触れ合って、自分自身も住んでいる地域のために、役に立ちたいと思った。ぜひ一緒にやりたい」と返答をいただき、ともに歩むことになりました。

次にお話をしたのは、私の選挙区でネットワーク横浜というローカル政党で活動していた大野拓夫さんです。拓夫さんとは党こそ違えど、非常に親しくさせていただいていました。

拓夫さんからは、「お気持ちは嬉しいのですが、今は国会議員の政策秘書をしていて、政策立案に注力しているので、候補者として出る予定はありません」という趣旨の返答をいただき、残念に思っていたところ、拓夫さんから「妻はいかがですか。妻は政治に対して思い入れがある人なので、よかったら声をかけてみたらどうですか」というお話をいただきました。拓夫さんの奥様は、大野知意さん。

知意さんは民主党青年部に所属していたことがあり、国政選挙にも挑戦をした経験がある方でした。

2014年の衆議院議員選挙の時に私のウグイス嬢をしてくれた方でもあり、極めて好印象でした。私からも「ぜひお願いします」とお伝えし、拓夫さんを交えながら、知意さんと何度か直接お会いして、話し合いを重ねました。

初めてお会いした時の印象は、優しい笑顔に人柄の良さそうな立ち振る舞い。繊細で清廉潔白なイメージを持っていましたが、議論を重ねる中で、それは良い意味で覆されました。

彼女はとても強い人。心の底からエネルギーに溢れていて、曲がったことは大嫌い。どんなに強い相手でも真っ正面から戦う。そして、軸をこうと決めたら絶対曲げない。私もここまで燃えるような激論を交わす相手に出会うことはほとんどありません。

私は、それくらいの熱量がなければ政治は変えられないと思っていたので、激論の末、知意さんに「ぜひ一緒にやりましょう」とお願いをしたところ、「私でいいんですか。ぜひお願いします」という返答をいただきました。

拓夫さんの想いを受け継いで、港北区から立候補する決意をしてくれたことを嬉しく思いました。

最後まで困ったのが、港北区の県議会議員候補。計屋珠江さんが出馬されるのか、そうでないのかまったくわからなかったからです。

立候補されるのであれば、ぜひ一緒に活動してもらいたかったのが本音です。しかしながら、立候補されないのであれば、港北区の県議会議員は私が務めていた選挙区でもあったので、後継者には地域で信頼を得られる人物を立てなければならないと考えていました。

そして選挙まで半年を切った頃に、計屋さんの去就は定かではありませんでしたが、候補者を探す決断をしました。

そんな中で最初に白羽の矢が立ったのが、私の公設秘書である風間良さん。風間さんは、後援会や地元の有権者からの信頼も厚く、候補者としては申し分のない人物だったので、立候補してもらえないかと何度かお願いをしました。その度に風間さんからは、「俺は表に出るような人間じゃないし、中谷がいるから政治の世界にいる。中谷を総理大臣にすることを目標に一緒に歩んでいくことに魅力ややりがいを感じているから、あなたの近くでともに歩んで、同じ景色が見られたら嬉しい」という趣旨の返答をいただきました。

嬉しいような悲しいような複雑な気持ちでしたが、結果として断られてしまいました。また、風間さんからは、「中谷さんの活動を間近で見ていればいるほど、誰も政治家をやりたいとは思わないと思いますよ。1年365日ほぼ毎日早朝から深夜まで、政治家として必死に活動している姿を見ているからこそ、この活動は真似できないとみんな思ってる」という趣旨の話をされ、「まさか自分の頑張ってきた活動が、こういう結果を引き起こすとは……」とショックが隠せませんでした。

しかし、候補者探しは続けなくてはなりません。そして、当初からもう一人候補者になってほしいと考えている人物がいました。それが菅原暉人くん。菅原くんとの出会いは、私が兄弟分のように親しくお付き合いをさせていただいている山口市議会議員の部谷翔大さんから「政界に関心があって真面目な性格の良い人材がいるので、よかったら紹介してもいいですか?」

とお声がけをいただいたのがきっかけ。その後一緒に食事をして、評判通り素晴らしい人物だなと思い、「よかったら一緒に働きませんか？」とお誘いしました。

すると菅原くんも「ぜひお願いします」と応えてくれ、新卒から務めていた建設資材商社を退職し、中谷一馬事務所に参加してくれました。

彼と仕事をともにして感じることは、とにかく誠実で真面目。私以上に若輩者なので、至らないところも多々あるものの、弱点を克服しようと人の話をよく聞き、改善しようと努力を積み重ねる。浮ついたところがまったくない硬派な人間。そして実直で義理人情にも厚い。私の落選中から安い給料に文句の一つも言わず、人の何倍も努力をして献身的に支えてくれた人物です。地元の皆様からも可愛がっていただき、信頼を得ていました。

港北区は、私が当時史上最年少で神奈川県議会議員にしていただいたように、若い候補者を育ててくださる土壌があります。当時まだ県議会には平成生まれはいなかったので、こういう人材は県政に新しい風を吹き込むのではないかと考え、菅原くんにお願いしましたが、「私は中谷さんを秘書として支えることで世の中を良くしたいと思っています」と断られてしまいました。

しかし私も諦めず、「政治家は出たい人ではなく、出したい人がなることが好ましい。世のため、人のためと思って決心してほしい」と何度もお願いをしました。

菅原くんは、悩み考え、家族と相談したいと切り出しました。そしてついに「謹んでお受けしたいと思います。議員になることで世の中を良くしたい。神奈川県民の皆様のために働きたいので、立候補させてください」との回答をいただきました。

統一地方選挙の本番と結果

これでようやく神奈川県第7区総支部の地方議員選挙における候補者が出揃いました。

総支部長として、公認決定した以上、全員当選は最重要課題。自分の選挙以上に頑張らなければなりません。

統一地方選挙の直前は国会も開会中でありながら、7つの選対を同時に掛け持ってサポートを行うので、早朝から深夜まで事務所はフル回転。数十万枚のビラを配布し、何百時間もかけて有権者とのコミュニケーションを重ねていただくなど、事務所スタッフや後援会の仲間達には候補者の皆様を献身的に支えていただきました。

しかしながら、もともとともに活動していた議員が他党で戦っていたため、「その選挙区にも候補者を立てるのか?」と一部の方からご指摘をいただきました。

私からは、「立憲民主党で掲げている政策を実現させるには、行動をともにしてくれる仲間に当選していただかなければなりません。民主党、民進党時代にともに活動していた皆様には全員一緒にやってくれませんかとお願いしましたが、別の道を歩む決断をされた方もいらっしゃいましたので、名残惜しく思いましたが、ともに歩んでいただける候補者を擁立しました」という趣旨の返答を繰り返しました。

選挙区的には、候補者の皆が死に物狂いで活動されていたこともあり、事前の情勢調査では常に全員が当選ラインに入っていた数字であり、全員当選が実現できる手応えがありました。

しかし蓋を開けてみたら、川口さんの後継者が落選という連絡が開票所にいた仲間から寄せられました。全員当選を最重要課題として後方支援をしていた総支部長としては不徳の致すところであり、力不足です。選挙は、候補者のみならず家族や支援者の人生も大きく巻き込むもの。私も全員当選させるために、選挙期間中は早朝から深夜まで統一地方選挙を全身全霊で戦いましたが、仲間の人生をかけた選挙戦を成就させることができませんでした。支援をしてくださった皆様方には本当に申し訳なく、心より猛省し、お詫びをしました。

結果として、私が責任者を務める神奈川7区（港北区・都筑区選挙区）では、立候補者数7名中6名が当選（勝率85・7％）。1名の仲間を落選させてしまったことが痛恨の極みです。

私の選挙区では政権与党自民党の県会議員・市会議員が8名当選したのに対して、立憲民主党の県会議員・市会議員が6名。まだまだ政権与党の壁は高く厚いと痛感する中、さらに精進を積み重ね、地域の皆様からの信頼を得られるような政党に成長させなくてはならないと決意を新たにしました。

その一方で、候補者と支援者の皆様方のたゆまぬ努力の甲斐あって、多くの仲間が当選できたことを心から嬉しく思いました。神奈川県議会議員の同期で、公設秘書として支えてくださった栄居学さんも川崎区で神奈川県議会議員に返り咲きました。

立憲民主党神奈川県連合としては統一地方選挙において、80名を擁立し、67名の議員が誕生。勝率としては83・8％でした。

私は立憲民主党神奈川県連合選挙対策準備委員会の事務局長として篠原豪委員長を支える立

場で、各地域の情勢調査を分析しながら挑みました。全身全霊をかけて仲間達とともに戦いましたが、16・2%の仲間達を当選させることができなかったことに対して力至らず、大変申し訳なく思っています。

その一方で、もともとの所属議員数が36名でしたので、倍増近い躍進です。立憲民主党神奈川県連合の仲間達が、一致結束して戦ったことが良い結果に繋がってよかったなと感じました。

各地で誕生した中谷一馬事務所出身議員

2019年の統一地方選挙では、中谷一馬事務所で秘書・スタッフ・インターン生・後援会メンバーとして支えてくれた仲間達7人が全国各地で立候補し、全員当選しました。仲間達が事務所を巣立ち、良いかたちで次のステージに進んでくれるのは、とてもとても嬉しいことです。

私が衆議院議員に当選した時に政策秘書を務めてくれていた小田浩美さんは、渋谷区で区議会議員となりました。

小田浩美さんと初めて出会ったのは2014年。私が衆議院議員選挙に出ることを目指していた頃、当時、民主党の選対委員長を務めていた馬淵澄夫さんの公設秘書を務めていた小田さん。姉御肌で何かと気にかけてくれて面倒を見てくれました。

その頃から今も変わらない印象は、おおらかで底抜けに明るく、元気一杯で人懐っこい。そしていろんな人から愛され、皆が彼女のためにひと肌脱ごうとします。類稀なる人間力は、天性の才能にさまざまな人生経験を積み重ねて形成されたもの。その人柄もあって、民進党の秘書会長を務め、リーダーとして手腕を発揮していました。馬淵さんのように大臣まで務める人には、やはりこういうすごい秘書がいて支えているんだなといつも感心していました。

その時には、まさか私の秘書として支えてくれることになるとは夢にも思いませんでした。

2017年の衆議院選挙。小池知事の排除発言から希望の党が失速し、馬淵さんが落選されました。

まさに青天の霹靂。誰もがそう思ったことでしょう。投票日翌日、馬淵さんと連絡を取り合いました。

「まさか馬淵先生が落選するなんて……」

「一馬や（青山）大人《やまと》が当選したからよかったよ」

そんな会話を二言三言交わした後に馬淵さんから、「小田を一馬のところで雇ってくれないか？」と打診をいただいたのです。

私にとっては逆に願ってもない話だったので、「ぜひお願いします」と答え、小田さんに連絡しました。すると小田さんからは、「私のことはいいから、〇〇も仕事がなくなって困っていると思うので、代わりに雇ってあげてもらえないだろうか」と返答がありました。

「小田さんはどうされるんですか?」と尋ねると、「私は後で考えるから気にしなくていい。馬淵もみんないなくなると困るだろうから、私が支えたいと思ってる」とおっしゃいました。

この話を聞いた時、なんて仲間想いで忠誠心の高い方なんだろうと感心しました。

私は絶対この方と仕事をしたいと思い、平身低頭入所のお願いをしました。何度かコミュニケーションする中で、「私でよければ」と承諾をいただきました。

馬淵さんに、「小田さんが一緒に働いていただけることになりました」と報告すると、「ありがとう。世話をかけて申し訳ない」とこちらが恐縮するような言葉をかけていただきました。

その後も馬淵さんはうちの事務所にお越しくださり、「小田はしっかりと働いていますか」と何かと気にかけてくださいました。

小田さんと馬淵さんの深い信頼関係と双方の愛情にやはり素晴らしいなと感じました。

後に、手塚仁雄さんからも「馬淵澄夫という大物代議士の番頭秘書に1年生の新人議員が支えてもらえるなんて、そんな幸せなことはないぞ」とお褒めの言葉をいただいたことが今でも私にとっての自慢です。

小田さんにはいろいろなところで新人若手議員の私に〝いろはのい〟からご指導いただきました。

「価値を下げるような行動は慎め」

「若輩者ではなく、代議士という自覚を持て」

「先輩は立てろ。しっかり敬え」

「みんなあなたのことが好きで支えているんだから、もっと仲間を信じろ」

小田さんが酔っ払った時、夜中にメールでいつも送られてきた〝姉貴の小言〟は今でも私の宝物です。

また、板橋区議会議員に当選した渡辺義輝くん。彼と初めて出会ったのは2008年。私が菅直人事務所の駆け出し新人秘書として入所した頃にインターン生として活動していたのが、渡辺くん。私と似たような境遇で育った彼とはウマが合い、当時から親しくしていました。

彼は不器用で繊細な男ですが、政治に対する思い入れが人一倍強く、私が初めて立候補した神奈川県議会議員選挙を支えてくれたのも彼でした。出来の悪い兄と心配性の弟のような関係で、取っ組み合いのケンカになることもしばしば。若気の至りで恥ずかしい限りですが、今となっては良い思い出です。

そして、北区議会議員に当選した臼井愛子さん。彼女は中谷一馬事務所のインターン生として熱心に活動してくれました。２０１６年に半身不随の祖母を16年間介護していた祖父が亡くなったことをきっかけに、悔いのない人生をと考え、政治の道を志したとのことです。当時からＬＧＢＴや女性の人権について熱心な想いを持っており、私が衆議院議員に初当選した時の選挙も非常に熱心に支えてくれました。

また県連役員として担当させていただいた、地方議員時代からの仲間である鳥取県議会議員の坂野経三郎さんの実兄・小谷英次郎さんが小田原市議会議員選挙においてトップ当選を果たしました。神奈川県議会議員の佐々木奈保美さんをはじめとした小田原の皆様の献身的な支えと小谷さんご本人の努力の賜物です。

参議院選挙とれいわ新選組

２０１９年7月21日、第25回参議院議員通常選挙がありました。

私が活動していた神奈川選挙区においては、立憲民主党から牧山弘恵さんが立候補されました。

牧山さんとは私がまだ学生だった頃、２００７年の参議院議員選挙の牧山さんの選挙をボランティアとして手伝っていたことがきっかけで知り合いました。

牧山さんは、母子家庭に育ち、壮絶ないじめを苦に転校。父の住む海外で生活をした際に差別や極貧の実態を目の当たりにして政治の道を志したという、なんとも私と似た境遇で、親近感を抱いている先輩議員です。

牧山さんの選挙を手伝うのは3度目ですが、なんとか当選させようと今回も必死で選挙活動を応援しました。結果としては、牧山さんは74万2658票を獲得し、2番目の成績で当選。自民党の候補者が91万7058票を獲得しましたので、惜敗率は81%。

私の選挙区神奈川7区でも、港北区における自民党候補の得票数が3万8738票で、牧山さんの得票数が3万2341票。また都筑区における自民党候補の得票数が2万2884票で牧山さんの得票数が1万9480票。合わせると神奈川7区での自民党候補の得票数が6万1622票、牧山さんが5万1821票なので、惜敗率は84%。立憲民主党に少しずつ力がついてきたことを実感する一方で、政権与党自民党の壁は高く、次の衆議院選挙に向けても課題の残る選挙でした。

それは全国的にも同様でした。事前の情勢調査によると、立憲民主党は参議院選挙において20議席程度の議席を取れるのではないかと言われていました。しかしながら、結果は17議席。もともとの議席数が9議席でしたから、倍増までも一歩届かない議席数。倍近い議席を増やした選挙だったはずなのに、当初の想定ほど伸びなかった選挙結果を見て、皆が素直に喜べていませんでした。

そうした中、山本太郎さんが代表を務めるれいわ新選組からは、舩後靖彦さん、木村英子さんという2人の参議院議員が誕生しました。しかしながら代表の山本さんは、背水の陣で3人目の候補として出馬されたものの、100万票近く票を得たにもかかわらず惜敗しました。れいわ新選組に関しては、当選されたお二人が障害のある方だということと、代表の山本さんが落選したということがニュースで大きく報じられました。

また、この選挙においては、私と同世代の友人達からは、山本さんの演説がすごいという話を耳にし、「一馬もYouTubeで見てみた方がいいよ」と勧めていただきました。どれどれと山本さんの演説動画を検索して見てみると、演説の内容も、そこに込められた気持ちも、熱量も伝わってくる、まさに心に響く演説ばかり。私も「政治家として、こんな風に人々に想いを伝えたい」と率直に感じました。

参議院選挙後、立憲民主党代表の枝野幸男さんがれいわ新選組について問われ、

「短期間で多くの有権者に働きかけ、政治と距離があった皆さんの票を得た。大変素晴らしい戦いをした」

「従来の（野党共闘の）枠組みに加わってもらう余地があるのではないか」

「国会や次の衆院選に向けてさまざまなところで連携できればありがたい」と各所で述べていました。

また、幹事長の福山哲郎さんも、野党共闘について「衆議院選挙に向けてしっかりリーダーシップを発揮しながらまとめていきたい」という発言をしていました。

つまり、自公に対立する野党が結束して一致団結していこうという意味合いの方針です。枝野幸男代表も、福山哲郎幹事長も、野党共闘の方針。そして、山本太郎さんの演説を聞いてから、私自身も山本さんにとても興味を持っている。今後一緒にやっていく仲間になるかもしれないとしたら、れいわ新選組の政策もしっかりと勉強しなければならないなとシンプルに考えました。

れいわ新選組の政策には、消費税廃止、奨学金チャラなどの目玉政策がありました。山本さんは参議院選挙期間中の演説の中で、消費税を廃止した国がすでにあり、その国がマレーシアだということを訴えていました。

私はマレーシアが消費税廃止後どうなったのか、気になりました。経済や財政がどうなり、国民政策がどうなったのか、実際に現場に行って、この目で確認しようと考えました。

その後、立憲民主党や国民民主党の中で消費税問題に関心が高そうな若手有志に声をかけたところ、すぐに行こうという話になりました。そうこうしているうちに、私の中で一つの考えが芽生えたのです。

「マレーシアで消費税の研究をしようと思ったきっかけは、山本太郎さんの演説。ならば山本さんを誘うのが筋ではないか」

この時、私は山本さんとは面識がありませんでした。

もちろん、私が10代の頃からテレビ番組で活躍する山本さんのことを一方的に知っていましたが、山本さんからすれば私はただの1年生議員なので、どうお誘いしようかと考えました。

そんな時にアドバイスをくれたのは、いつも親しくさせていただいている立憲民主党神奈川県連合幹事長の青柳陽一郎さんでした。

「弁護士の武井由起子さんが山本太郎さんとお知り合いみたいだから聞いてみたら？」

武井さんは「明日の自由を守る若手弁護士の会」（あすわか）に所属する、憲法カフェなどを開催している弁護士で、私の選挙のお手伝いもしてくれていた方でした。

それはいいアイデアだなと思い、武井さんに「山本太郎さんに消費税廃止後のマレーシアの現状に関する視察についてお誘いしたく、お手紙を書いたのですが、ご紹介していただけませんか？」とお願いしました。武井さんからは快諾いただき、山本さんへお手紙を渡していただきました。「せっかくならマハティール首相にも会ってきたら」とアドバイスもいただきました。

その後、武井さんから山本さんのメールアドレスを教えていただいて連絡を取り合い、2019年8月6日、参議院議員会館の面談室で初めてお会いしました。

山本さんの第一印象は、政党の代表であり、知名度の高い方であるにもかかわらず、極めて腰が低い誠実な方だと感じました。

そして山本さんに、「仲間に勧められた山本さんの演説動画をYouTubeで見ていたら、消費税をゼロにした国としてマレーシアの例を挙げていたことを拝見し、経済や消費などがどうなったのか長所・短所の研究をしたいと思いました。それでマレーシアに視察に行こうと考えているのですが、一緒に行きませんか?」と尋ねました。

山本さんからは、「私もまだマレーシアに消費税の視察へ行ったことがないので、ぜひ一緒に行きましょう」という趣旨の即答をいただきました。

レスポンスの早さと、まず行動してみようという前向きな姿勢はさすがだと率直に感じました。そして山本さんから、「立命館大学の松尾匡教授に声がけをして、日程が合えば一緒に行ってもいいですか? 政治家だけで行くよりも、専門家の学者がいた方がより深く研究ができると思いますので」という打診をいただきましたので、私からは、「もちろん喜んで。ぜひ一緒に行きましょう」とお答えをしました。

そしてともにマレーシアへ視察に行くこととなりました。

消費税を廃止したマレーシアを視察

スケジュール調整もすんなり進み、2019年8月にマレーシアへ視察に行きました。視察メンバーは山本太郎さん、経済学者の松尾匡さん、衆議院議員の高井崇志さん、伊藤俊輔さん、松平浩一さん、神奈川県議会議員の首藤天信さん、横浜市会議員の大野知意さん。

マレーシアは、6%の消費税(GST)を廃止した国です。前ナジブ・ラザク政権の2015年4月、それまであった売上・サービス税(SST)を廃止して消費税(GST)を導入。2018年5月の総選挙でマハティール元首相率いる野党連合・希望連盟(PH)が政権を奪取し、同年6月よりGSTを廃止し、SSTを再導入しました。

消費税をゼロにして経済や消費、国民生活にどういう影響を与えたのか、良い面も悪い面も調査・研究するための視察でした。

国会議員の海外視察というと何やら華やかな印象があるかもしれませんが、我々野党の若手議員の視察はまぁまぁ質素。飛行機は、ほとんどの方がLCCや、トラベルコやじゃらんなどの比較サイトでエコノミークラスの格安航空券を探し、宿も安価なビジネスホテルを手配して泊まるのが一般的です。

今回のスケジュールは2泊5日機中泊2回という強行軍で、現地でも朝から晩までギッチリ面会が入っていて、移動距離も長い行程でした。

マレーシアでの視察行程の調整は、世界経済フォーラム（通称：ダボス会議）のGSC（U－33代表）仲間である梅澤亮くんに協力していただきました。梅澤くんの友人で、マレーシアの政治家であるザイリルさん（Mr. Zairil Khir Johari）を紹介していただき、ザイリルさん経由で、財務省のアミール・リー財務副大臣、シバ主税局長、国防省のリュウ・チン・トン国防副大臣、経済省のスタンドラ・マクロ経済局長、モハムド首相経済顧問、労働組合ソロモン事務局長、マレーシア経済研究所のカマル所長、商工会議所クン委員長など視察のテーマである「消費税」に詳しいさまざまな方とお会いすることができました。

マレーシアの皆さんの話を聞いて感じたのは、どこの国でも財務省や経済団体など消費税が上がることによって権益を得る組織では消費税を上げるモチベーションが働き、市民や労働者に近い立場にある人達は、減税を喜びつつ、どう財政を整えるか考えているのだなということでした。

タクシーの運転手さんや飲食店、商店の店員さんなどにも話をうかがってみると、「消費税がゼロになってよかった」と喜んでいる方が多かったように感じました。マレーシアでは消費税を廃止して、個人消費が伸びたので、国民は恩恵を感じているようです。

マレーシア国防副大臣と意見交換

財政赤字抑制のために公共投資を削減し、貿易依存度が高く（輸出はGDPの約7割）米中関税戦争などによる世界経済減速の影響を受けているというマイナス要因が大きい中において、マレーシアの経済は堅調に成長しています。

2018年第4四半期の実質GDP成長率は前年同期比4・7％。個人消費の伸びが8・5％と牽引しています。政権交代前の成長率が5％台、6％台だったことと比べると減速はしていますが、同じ期間のGDP規模がほぼ同じシンガポールは同1・9％、香港は同1・2％であったことを考えると、マイナス要因が多い中ではかなり健闘していると言えるでしょう。2019年の第2四半期は前年同期比4・9％となっており、やはり個

マレーシア視察メンバーと

人消費が7・8%と牽引しています。ちなみにシンガポールは第1四半期2・0%、香港は第2四半期0・6%であったことを踏まえれば、消費税廃止による個人消費への影響は極めて大きいと言えます。

こんな所感を、視察に行ったメンバーでもさまざま議論しました。移動中の車内でも昼食のサンドイッチをほおばりながら語り合い、夜ホテルに着いてからも夕食のテーブルを囲みながら政策談義をするといった有意義な時間でした。

マレーシア視察後、日本の現状を踏まえた現時点での結論を私はこう考えました。

財源を確保した上で国民生活を明るくする〝今〟のための政策と、ワクワクする希望に溢れたビジョンを示す〝未来〟のための政策を実行することが必要。

「短期的」には、消費税を含む減税と財政出動で消費需要と投資需要を刺激。さらには適切な再分配により国民所得の向上を図り、経済を好循環させる。

「中期的」には、第4次産業革命、デジタルトランスフォーメーション（DX）を牽引する個人、企業、団体を徹底的に支援し、労働人口の減少に備えた供給の自動化、効率化を図り、経済成長を図るとともに安定的な財源確保を目指す。

「長期的」には、子どもを産み育てる費用を実質無償化し、少子化の抜本的な対策を行うことで、社会保障の展望も踏まえた未来に希望が持てる持続的な社会づくりを進める。

経済政策はこの3本柱が現実的な解だと考えたので、未来へのビジョンを明確にして、野党が一致結束して今の政権を超える選択肢を示し、国民生活を豊かにする政策を実現するべきであると考えます。

日本の消費税に関する考察

2019年10月、安倍政権において消費税を増税した結果、我が国の経済、国民生活に深刻なダメージを与えました。

消費税5％導入時から今回10％導入までの間、個人消費も実質賃金も下がり、日本は経済成長できずにいます。デフレにも陥り、日本経済は一貫して厳しい状況です。

この現状を日本は長らくアジア通貨危機やリーマン・ショックが要因であると言ってきましたが、米国や中国では経済成長を続けています。

今回の消費税10％導入後は、GDPが年率6・3％減となっており、消費支出は前年同月比変動調整値が5・1％減少し、軽減税率を導入したことがまったく意味をなさず、前回の8％への引き上げ時よりも悪化しました。

また内閣府が発表した2019年10月の景気動向指数（速報値）は、景気の現状を示す一致指数が前月比5・6ポイント減の94・8で、6年8か月ぶりの低水準であり、前月比マイナス5・6という下落幅は東日本大震災の2011年3月（マイナス6・3）に次ぐ数値です。

政府は、2020年度の実質国内総生産（GDP）成長率を1・4％とする経済見通しを示しましたが、国際通貨基金（IMF）の示した2020年経済成長見通しはコロナ禍前でも0・5％。その時点でも倍以上の開きがありました。その後、コロナ禍の影響もあり、2020年7月30日には成長率をマイナス4・5％と大幅に下方修正しました。要するに政府想定は、絵に描いた餅以外の何物でもなかったということです。

ＯＥＣＤは、プライマリーバランス（基礎的財政収支）黒字化のため消費税を最大26％にすべきと勧告していますが、たった2％消費税を上げただけでもこれだけ経済が落ち込み国民生活が苦しくなっていることに鑑みれば、さらに10％以上の消費増税を行うことは現時点においてどう考えても現実的ではありません。

こうした状態に加え、新型コロナウイルスの感染拡大で、経済的ダメージは計り知れない中、国民生活を支える経済対策の予算規模やスピード感に多くの国民が愕然としています。

「アベノマスク」や「Ｇｏ Ｔｏキャンペーン」のような場当たり的な政府対応がこれ以上続いた場合、東京オリンピック・パラリンピックが開催できるのかどうか不透明さが残る現状に鑑みれば、日本経済に致命的な影響をもたらす危険性があると考えています。リーマン・ショック並み、もしくはそれ以上の経済危機に陥る最悪のシナリオを想定した大胆な経済財政政策の転換を行わなければなりません。

こうした観点から私は、机上の空論ではなく、諸課題をしっかり解決できるような長期的展望を示して、財政出動した方がよいと考え、次の政策を推進したいと考えています。

まず、国民所得の向上を図る再分配、積極的な公共投資、一般庶民の生活を豊かにする税制改正により、消費需要と投資需要を刺激することが必要です。

具体例としては、まず消費税率は一定期間、インフレ率をコントロールしながら5％以下に引き下げるべきだと考えます。

デフレ、低金利が続く日本においては、国債の発行や税の組み替えによる消費税の減税は現実的に可能です。

〔例：5%の減税の場合、消費税1%あたりの税収（約2・5兆円）×（5%）＝1年間で約12・5兆円。5年間なら62・5兆円〕

よく言われるデフォルト（債務不履行）ですが、日本銀行の黒田総裁が財務省の財務官だった頃、ムーディーズ・S&P・フィッチ宛に出した質問状で「日・米など先進国の自国通貨建て国債のデフォルトは考えられない」と述べています。経済学者のステファニー・ケルトン氏や経済産業省の中野剛志氏も「政府は、自国通貨発行権を有するので、自国通貨建て国債が返済不能になることは、理論上あり得ないし、歴史上も例がない」という趣旨の発言をしています。

現在は、対GDP比の政府債務残高が増えていても、インフレにも、円安にも、金利上昇にもなっていない状況であることから、機動的な財政出動を行い、将来成長を見据えた投資に充てることは理にかなっています。

むしろ30年で25兆円社会保障費が増えている現状を踏まえれば、消費税を20～30%に増税し続けることで恒久財源を確保しようとする方法は、国民負担が大きすぎて現実的ではありません。時限的な減税を行うことで国民生活を安定させ、その期間に持続可能な社会づくりに必要な構造的問題を解決するための長期的視点を持った投資を行う政策が重要だと考えています。

また、その他の税には超過累進税率または総合累進税率を組み合わせることによって、税財源を柔軟に捻出するとともに、小規模事業者の負担が重すぎる軽減税率とインボイス制度（適格請求書）は廃止し、逆進性緩和効果の高い給付付き税額控除を導入することが国民目線に即していると考えます。

〝アベノミクス〟とは何だったのか

〝アベノミクス三本の矢〟

第一の矢（大胆な金融政策）

（目標）消費者物価の前年比上昇率2％の「物価安定目標」をできるだけ早期に実現

（達成状況）物価安定の目標は、これまでの間、達成できていない。

第二の矢（機動的な財政政策）

（目標）機動的な財政出動により経済成長を促し、税収増により財政を健全化させる
（達成状況）国・地方の公債等残高対ＧＤＰ比は年々上昇し、財政収支とプライマリーバランス対ＧＤＰ比は赤字が続いている。

第三の矢（民間投資を喚起する成長戦略）
（目標）２０２０年頃までに名目ＧＤＰ６００兆円
（達成状況）２０１７年度名目ＧＤＰは計算方法を変えてカサ増ししても５４７兆円。目標達成のためには２０１８～２０２０年の３年間で名目成長率を３％にしなければならないが、足元の潜在成長率は１％未満で推移している。

〝アベノミクス新・三本の矢〟
第一の矢（希望を生み出す強い経済）
（目標）２０２０年頃までに名目ＧＤＰ６００兆円
（達成状況）旧・第三の矢（成長戦略）と同じ達成状況。

第二の矢（夢をつむぐ子育て支援）

（目標）希望出生率1・8、待機児童ゼロ
（達成状況）2019年、出生数は過去最少の86・4万人、合計特殊出生率は4年連続で低下して1・36になった。2020年までの待機児童ゼロは達成できていない。

第三の矢（安心につながる社会保障）
（目標）介護離職ゼロ
（達成状況）介護離職した人は毎年約10万人。ゼロとは程遠い。

私達は、アベノミクスで景気が良くなった、経済が良くなった、給料が良くなったと刷り込みのように言われ続けましたが、実態はどうでしょうか。皆様がお給料をもらってどれだけ使えるかを示した値である「実質賃金」の統計に不正があり、今でも政府は説明責任を果たさず、隠蔽を続けています。
また、戦後最長の景気拡大局面と謳われていたのが、幻だったかもしれないという報道がなされており、世論調査を見ると、景気回復について約80％の人が実感していないと答えています。多くの国民の給与が上がらず、使えるお金が減り、消費が伸びなければ、景気が良くならないのはあたりまえですし、経済政策的に言えば初歩の初歩から間違えています。

●初職の雇用形態による配偶者・子どもの有無

●配偶者(事実婚含む)の有無 [単一回答形式]

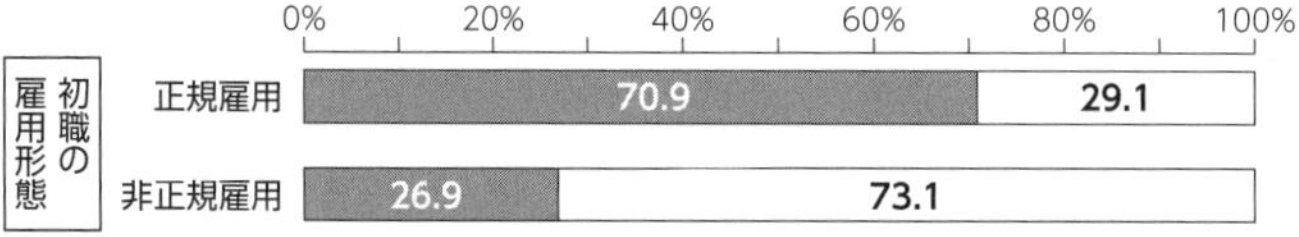

●子どもの有無 [単一回答形式]

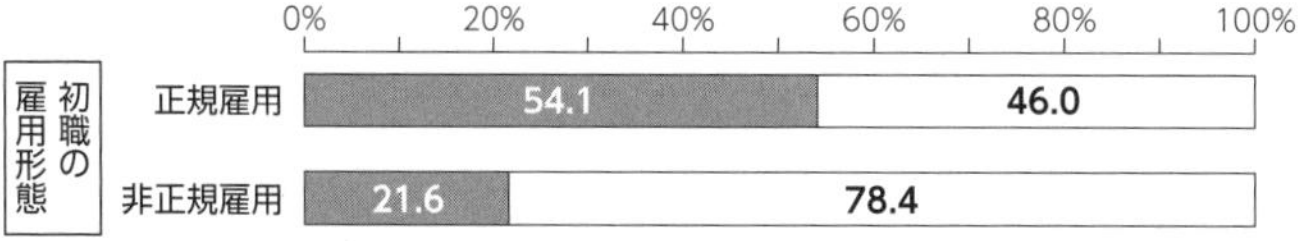

いる　いない

出典：連合「非正規雇用で働く女性に関する調査2017」

その他、働く環境によっても格差が固定化されています。正社員と非正規社員別に、初めて就いた仕事の雇用形態での女性の結婚や出産に関する影響を見ると、正社員で結婚している割合（配偶者あり）が70・9％、子どもがいる割合が54・1％であるのに対して、非正規社員で結婚している割合（配偶者あり）が26・9％、子どもがいる割合が21・6％であり、2・5倍以上の差があります。

また、男性の結婚の有無を正社員、非正規社員、パート・アルバイト別に見ると、20〜24歳では雇用形態にかかわらず90％以上が未婚であるのに対して、35〜39歳になると正社員の72・4％が結婚している一方、非正規社員は29・9％、パートは23・8％、アルバイトは23・3％しか結婚していません（総務省「平成29年就業構造基本調査」）。

この国では残念ながら、働いている環境の違いが結婚や出産など、人生に大きな影響を及ぼす現状があります。しかしこうした状況は、結果として国力を弱くし、社会を不安定化させます。

労働人口5459万人中、非正規社員は2036万人（37・3％）であり、2012年の民主党政権終了時から現在を比較すると220万人も非正規労働者が増えていますから、この状態が続けば、少子化に歯止めがかかりません（厚生労働省「正規雇用と非正規雇用労働者の推移」）。

その証拠として、2019年の合計特殊出生率は1・36となり、生まれた子どもの数は86・4万人。出生数は現政権下で過去最少を更新しています。そして、少子化の影響は、経済、社会保障、国民生活に広範な悪影響を与えることは言うまでもありません。

アベノミクスのカンフル剤で一部の大企業やエスタブリッシュメント層に下駄を履かせてより強くしたものの、抜本的な構造改革や生産性向上が進まなかった上に、国民へお金を分配することに失敗しました。結果として中間層がどんどんといなくなり、それが貧困層にシフトしてしまったことによって、ソーシャルコストが嵩み、経済も景気回復を実現できなかった現実があります。

本来、日本の発展を見据えて行わなければならないのは、明確な時代認識をもって俯瞰的に問題を捉え、前例にとらわれない新たな取り組みを積極的に進め、持続可能な社会の構築に向けて限られたパイをどう分配するのかということです。しかし実施されているのは、残念ながら場当たり的かつ近視眼的な政策ばかりです。

こうした閉塞感漂う状況を打破するためには、スピードの速い時代に対応した成長戦略と国民所得にダイレクトに反映される分配戦略の両輪を動かす経済政策が不可欠です。

そこでまずは、世界の潮流を先取りした成長産業の育成や地方の高付加価値産業を支援し、日本の労働生産性を向上させることが必要です。

第4次産業革命を牽引し、IoT、AI、ロボット、ブロックチェーン、データ政策、xR、ドローン、自動運転車など、利便性と生産性を高める先端技術の活用による社会のスマート化と新たな産業構造を支える人材の育成は、少子高齢化による人口減少社会における成長戦略のキーポイントになります。社会のデジタル化を推進し、効率化、透明化を図り、人的資源や予算を集中的に成長分野へ投資していく必要があると考えます。

額に汗して頑張って働いた人のお給料がしっかりと上がり、困っている人にきちんとした援助がなされるような、国民一人ひとりに行き届く予算分配が必要です。最低賃金も欧米程度の水準を目指した賃上げが必要だと思いますし、非正規、正規関係なく、働くすべての人々が社会保険に加入できるような制度設計も有効です。しかもそれが瞬間的な補助金などではなく、生活のベースとして安定する政策を示さなければ意味がありません。

こうした観点で格差を是正し、隅々まで行き渡る景気対策を図り、「頑張れば未来はもっとよくできる」と国民一人ひとりが豊かさを実感できる持続可能な社会に向けた経済政策を実行しなければなりません。

労働することなく、生産とサービスが自動提供される社会

私が国会活動でとくに力を入れた政策の一つが、科学技術・イノベーションの発展を目指した取り組みです。

「今生まれた子どもは、きっと免許を取る必要はない」

次世代の自動運転車の普及を念頭にこのような話が、ダボス会議における議論で語られ、世界中で技術革新による未来が語られるようになりました。

人々の生活を豊かにするためには、テクノロジーの発展が必要不可欠です。テクノロジーの発展は、理想を突き詰めれば、人類が労働することなく、自動的にあらゆる物の生産とサービスの提供がなされる社会が実現されるという可能性に繋がります。

そんなことあり得るわけがないと思っている方もいるかもしれませんが、サイエンス・フィ

出典：「未来をつかむTECH戦略」（情報通信審議会）

クション（ＳＦ）の父とも呼ばれるジュール・ヴェルヌは、「人が想像できることは、人が必ず実現できる」という言葉を残しており、実際に私達の現在の生活においても、数十年前に「こんな未来が来るかもな」と想像していた多くの出来事や技術が実現されています。

たとえば『ドラえもん』は、私達の近未来を想像するのにとてもイメージがしやすい物語かと思います。当時はＳＦでしかなかった「ひみつ道具」ですが、今では現実世界において、それらに近いかたちで実現されているものも多々あります。

たとえば「ほんやくコンニャク」というどんな言葉でも操れるようになる道具は、ウェアラブル翻訳端末というかたちで実現され、個人で空を飛べる「タケコプター」は、ジェットエン

出典：「未来をつかむTECH戦略」(情報通信審議会)

ジン搭載のフライボードというかたちで近いものが実現されています。

このような社会の変化に大変ワクワクしますが、それと同時に、こうした科学技術の進化による社会構造の変化にしっかりと対応し、国民生活を豊かにする。その使命を与えられている国会のメンバーの一人として、強い責任感と緊張感を持っています。

現在は「デジタル・オア・ダイ」とも言われる時代の岐路。

中国で2020年に5Gやビッグデータ、AI関連などデジタルインフラの経済対策で約20兆円規模の投資が行われると予測されていますが、日本とは規模が違います。

深圳《シンセン》などを見ても、「深圳速度」と言われるように爆速でトライアンドエラーを繰り返し、

出典：「未来をつかむTECH戦略」（情報通信審議会）

今では「深圳品質」と言われる省エネルギー、省資源、低環境負荷での高品質かつ効率的な成長モデルを作り上げるに至りました。

技術革新に対応できなかった国や組織は、いつの時代も新興勢力に打ち負かされて衰退してしまうという現実は、歴史を振り返っても明らかです。

戦国時代、最強と言われた武田の騎馬隊が、織田勢が導入した新兵器である鉄砲を用いた戦略の前に大敗した歴史は、日本人にも馴染みの深いところです。

こうした教訓から学べることは、テクノロジーの進化を止めることは時代の潮流を考えても不可能であるため、進化をあえて止めるような動きをするのではなく、健全に発展させて、その恩恵を公平公正に分配していく知恵が求められているということだと考えます。

そうした中、現在の日本は、世界のリーダーとして第4次産業革命を牽引し、社会のデジタル化、スマート化を進めるか、あるいは現状のルートをただそのまま進み、自らもう先がないというジリ貧状態に追い込まれるかという岐路に立たされていると私は考えます。

日本の経済が成長していかないのは、教育や若者に対する支出を渋り続けた結果、少子高齢化が大きく進み、あらゆる格差が拡がるなど、人への投資ができていないことと、生産性、効率性を高めるデジタル化が地方や中小企業の隅々まで行き渡っていないことが大きな要因です。

私は、未来の〝スタンダード〟を創るべく、日本全体のありとあらゆるものを積極的にデジタル化し、アナログなモデルからの脱却を図り、社会のスマート化を進め、豊かな日本を再興したいと考えています。

こうした観点から近未来を想定し、その未来からムーンショット型で大胆な発想に基づく挑戦的な政策目標を逆算して推進する必要があります。

日本においては新しい技術の活用が、ビジネス、教育、医療、福祉、介護、防災、農林、水産、ものづくりなど生活に関わるあらゆる分野において期待されています。

少子高齢化の中でも日本の社会システムを維持しながら持続可能な社会を目指すためには、生産性の向上、仕事の効率化、自動化を行う仕組みを作り、より良い方向に時代の歩を進めていく方策が必要です。

イノベーションの概念を作り出したオーストリア出身の経済学者、ヨーゼフ・シュンペーターは、イノベーション（革新）は必ずしもインベンション（発明）である必要はなく、既存の技術であっても新しい使い方をすることで起こり得るとしましたが、まさに国会や政府は既存の技術をしっかりと活用できていない現状があります。

テクノロジーは「手段」であって、「目的」ではありません。そしてテクノロジーの活用で重要なのは、「技術の理解」ではなく「技術の使いやすさ」です。たとえば「高齢者はテクノロジーを使えない」という発想はナンセンスであり、そもそも高齢者が使えないようなテクノロジーでは意味をなさない。だからこそすべての人が同じようにテクノロジーを利用できる設計を行い、それぞれの環境下で価値を生み出すイノベーションを目指さなければなりません。

ＩｏＴ、ＡＩ、ロボット、ブロックチェーン、データ政策、ｘＲ、ドローン、自動運転車などテクノロジーの進化による生産性の向上を目指す個人、企業、団体を徹底的に支援し、少子化による労働人口の減少に備えた供給の自動化、効率化を図り、経済成長を図る。私は、テクノロジーの発展を通じて人々の生活を持続的に豊かにさせることを目標としたＤＸと第４次産業革命を、この日本で牽引していくことによって、豊かな社会の発展と夢のある未来の創造に貢献していきたいと考えています。

“21世紀の機械打ち壊し運動”を未然に防ぐ

テクノロジーの発展は、国民と国家の関係以外にも、企業と労働者を取り巻く環境を大きく変化させます。

デロイトトーマツグループ実施の調査によれば、日本の経営陣幹部は、高齢化や働き方改革を背景に、会社と従業員との関係が、契約による一時的、臨時的な雇用に変わる方向であると見ており、調査対象国の中でも最も多い85%がそう考えていると回答しました（全世界の61%）。また、75%以上がロボットなどの自律的なテクノロジーが人に代わる未来を予測しています。

その一方で、人材採用・育成については、他のテーマの後回しにされ、日本人経営幹部の中で、この1年間で頻繁に議論をしたテーマの一つだと答えた人は、なんと2%という非常に低水準に留まりました。

また、最新テクノロジーの活用については、もっぱら従業員の効率性向上に関心が向けられており、自分達の組織として「高い能力がある」とした回答者が78%にのぼりましたが、技術主導型の変化が「組織構造」と「従業員」に及ぼす影響について、計画し対処できると考えている経営幹部はわずか3%であり、テクノロジーで業務を効率化したいと思っているけれど、

「労働力の変化」に注目した本質的な議論は、尽くされていないということが浮き彫りとなっています。

テクノロジーの進化は本来、労働の効率化に繋がり、その結果、生産性を大きく向上させることで、人々の生活を豊かにし、より良い未来を切り拓くためにあるものであると信じています。

しかしながら、現在のように「経営者」「労働者」ともにビジョンを描けていない状況では、双方ともにミスリードが起こり、イギリスの産業革命時代に起こってしまった「機械の打ち壊し運動」（機械の浸透が仕事を奪うのではないかと恐れを抱いた労働者が機械などを破壊した）のような哀しい歴史を繰り返すことになるのではないかと大変危惧しています。

企業の経営者や管理職は、労働者一人ひとりのリーダーであり、公の秩序を担っている自覚を持つことが必要です。だからこそ、テクノロジーの進化による「労働」の変化に対応した、企業と労働者のあり方を真剣に考える必要があります。

現在のリベラルアーツを考えた時に、社会を生き抜くための基礎教養は大きく変化しています。

第４次産業革命時代に必要な人材を確保するには、問題設定、問題解決を図る能力や分析、情報科学、データエンジニアリングなどの基礎的なリテラシーを持つ人材育成を目指した義務教育と、時代のニーズに対応した職業訓練をいつでも受けることのできるリカレント教育などの環境整備をさらに進める必要があります。

これから社会で求められていく人材は、

「すでにある知識を組み合わせて新しいことを生み出す力」

「問題を分解・分析して解決策を導く力」

「さまざまな新しい情報を既知の知識と組み合わせて状況判断する力」

に秀でている人材であり、日本においても、21世紀型の人材育成が必要です。

また、労働者サイドもテクノロジーの進化に歯止めをかけるような運動ではなく、どのようにして富の分配を行うのかという議論を経営サイドに投げかけるべきです。具体的には、効率化によって生まれた余剰時間を労働者に「給与」や「休暇」という形で配分して、労働者に還元するという本来あるべき姿を訴えることが重要です。

わかりやすく言えば、今までと同じ給与で週休を3日、4日と増やしていくなど、生産性の向上に対する恩恵をしっかり分配させるということです。

また、国策においても最低賃金を10年以内に全国一律で1500円まで引き上げることが実現できれば、結果として需要喚起策となり、消費が拡大します。企業にとっては投資を行いやすい環境が生まれ、経済が好循環することで、賃金をさらに上げることが可能となるかもしれません。

最低賃金は1年間に12％以上上げると失業率が上がる恐れがあるとされていますが、毎年10％以下の最低賃金引き上げであれば格差の是正と経済成長に結びつくと考えます。

２０２０年６月、ＩＭＦは世界経済見通しで、２０２０年の世界全体の成長率をマイナス４・９％、日本はマイナス５・８％と景気後退に陥ると予測しました。新型コロナウイルスの第２波が発生すれば成長率はさらに押し下げられ、下振れリスクが高いと考えられています。

そうした中、スペイン政府は、新型コロナウイルスの影響で困窮する低所得世帯に1世帯あたり月４６２～１０１５ユーロ（約５万６０００～12万３０００円）を支給するベーシックインカムの導入を決定しました。

こうした現状を踏まえれば、日本においても経済対策としてベーシックインカムは現実解になり得るかもしれません。財源的にも、インフレ率を考慮しても時限的に行うことは可能です。すべての人に10万円を配る「特別定額給付金」の予算規模が約12兆８８０３億円。これをたとえば、半分の５万円くらいの規模で所得税の課税対象にすれば、１回あたり約５兆円、年額でも60兆円規模。

財源はシニョリッジ（通貨発行益）や国債の発行、財源のリサイクルなどで賄うことになりますが、むしろ今は30年デフレが続き、インフレも比較的コントロールしやすい状況下で、マネーストックも年率5％程度であれば、ある時期まで増やしても問題ない水準です。

また、制度を整理して、子育て世代や学生、失業者、生活困窮者などに対して持続性のある未来志向のベーシックインカム制度を創立することにも一考の価値があります。

フィンランドがベーシックインカムの実験で実施したアンケート調査によると、ベーシックインカムの受給者の方が生活への満足度が高いという結果が出ました。精神的なストレスを抱えている割合が少なく、他者や社会組織への信頼度がより高く、自分の将来にも自信を示したそうです。

今のような時代の転換期にはそれらに対応した「労働市場の開拓」と「適切な資源分配と人材配置」などを「政府」や「経営者」が思考し、成長と分配を基調とした経済再建を着実に進めることが執行権者には求められています。

ポスト・ディープラーニング時代を見据えた社会づくり

テクノロジーそのものに善悪はなく、善くするのも悪くするのも私達人間次第です。

科学技術の発展により、ＡＩの研究開発が加速し、健全に進化すれば、社会のデジタル化が進み、我々の暮らしがより豊かになると考えられます。

その一方で、２０４５年にはＡＩが自らのフィードバックで改良・高度化を繰り返し、人間の知性や技術を超越するレベルで発達するシンギュラリティ（技術的特異点）に到達し、社会が大きく変化すると言われていますが、進化のさせ方を間違えた場合には、ＡＩ自身やＡＩを活用することのできる一部の特権階級によって支配される社会が構成される恐れもあります。

人の振る舞いが法や規則によってではなく、コードやアルゴリズムによって規律される組織体系の呼称として「アルゴクラシー（algocracy）」という言葉が誕生しました。アルゴリズムが一部の技術的なエリートや時の権力者によって功利的に運用されない仕組みを整えるためにも、ＡＩに関する基本的な価値観や倫理原則を定めた上で、アルゴリズムの設計を透明化し、意思決定の正当性を民主的に高めることが必要となります。

また、ＡＩが発展し、デジタル化が進めばライフスタイルは大きく変わります。

近い将来、自動運転の車が街を行き交います。

モビリティ（移動性）も大きく変わり、交通事情が変わります。

たとえば、パーソナルモビリティ（１人乗りの移動支援機器）がＩｏＴ化すれば、仕事に行く時に車が自動運転で家まで迎えに来て、インターフォンを鳴らして到着を伝えるようなことが現実化します。

移動中も、その後に乗る電車のGPS・交通管制センターなどと通信しながら遅延や事故情報を把握し、自動で最短ルートを検索し、職場まで送り届けてくれ、帰りには最寄り駅まで迎えに来るといったようなことが日常となる時代は近い将来やってきます。

そうなった時、運転者の車内での娯楽といえば音楽やラジオを聴くことであった現状が一変し、車内はドクターからの遠隔診療を受けたり、テレビ会議を行ったり、好きな映画を見るといった生活空間に変わります。

また自動運転車は、疲れないことや事故を起こしにくいことに加え、社会全体のモビリティが最適化されることで移動のムダがなくなり、生産性と利便性が飛躍的に向上します。

そして住宅は、IoTにより住宅内機器同士でのネットワーク化が進み、睡眠・休息・食事・保育・子育てなどのモニタリングポイントとして機能します。

住宅のシェアード化（機能提供サービス化）が進み、地価や不動産価格に基づいた価値ではなく、機能サービスの品質やレベルに応じた価値が重視される流れに変化していくことが予測できます。

さらに働き方も大きく変化します。一つは、社員一人ひとりのデータを採取してきめ細かくケアをする、人に優しい環境で働くスタイルが一般的になってきます。

モチベーション・ストレス・健康の管理、ケガ・病気の予防と体の異常検知、勤労状況、技

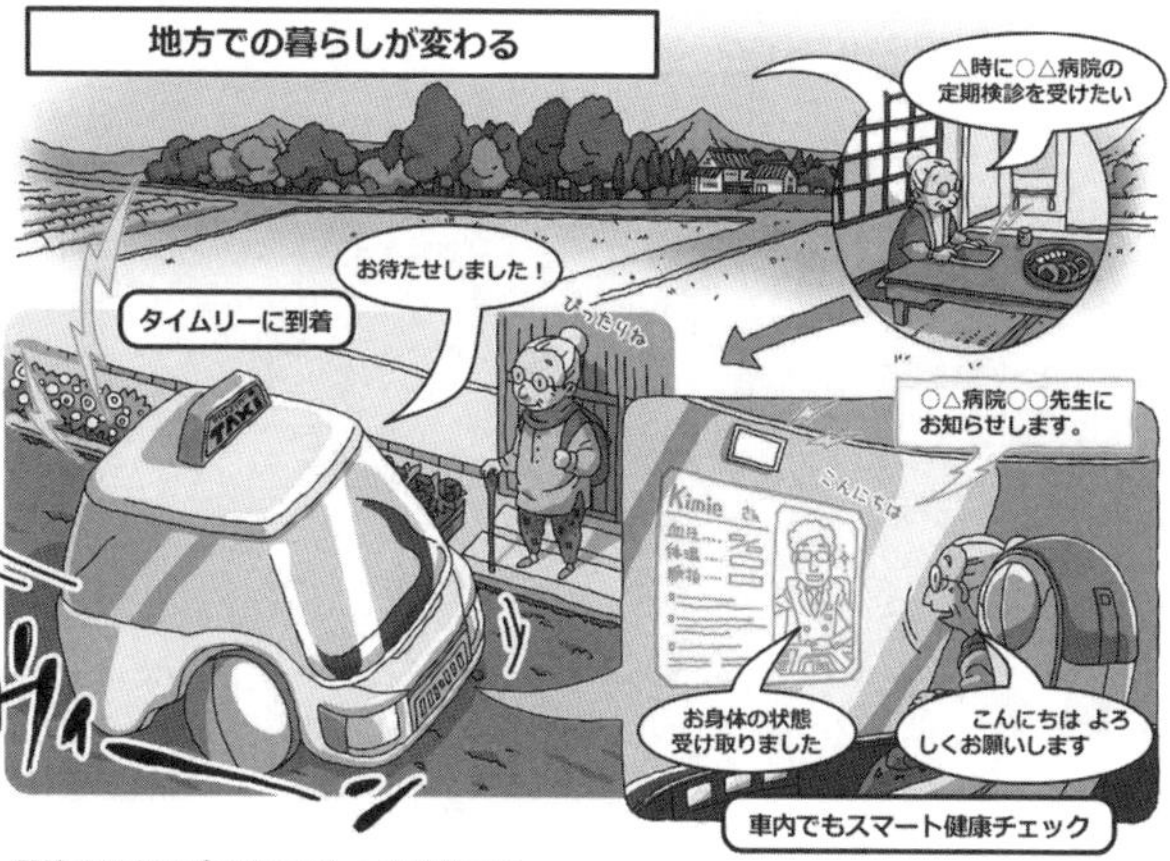
地方での暮らしが変わる
△時に○△病院の
定期検診を受けたい
お待たせしました！
タイムリーに到着
ぴったりね
○△病院○○先生に
お知らせします。
こんにちは
お身体の状態
受け取りました
こんにちは よろ
しくお願いします
車内でもスマート健康チェック

関連する主なプロジェクト：次世代ITS

出典：「近未来のワイヤレスサービスの利活用イメージ」（電波政策2020懇談会）

能スキルや業務の評価、ｘＲを活用したスマートグラスによる業務補助などにより、従業員の満足度は飛躍的に高くなり、結果として組織における生産性の向上に繋がります。

ＩＣＴを活用した時間や場所にとらわれない柔軟な働き方、テレワーク的なオフィスを必要としない働き方も進むでしょう。

オンラインで資料を共有しながら、メールやグループチャットでコミュニケーションを図り、ｘＲを活用した仮想オフィスや仮想会議を利用することで在宅勤務が可能になります。

その結果、介護や育児を自宅で行いながら仕事ができるようになると同時に、通勤がなくなるので、時間を有意義に使うことができます。組織としても地方や海外から幅広く多様な人材を確保できるようになります。

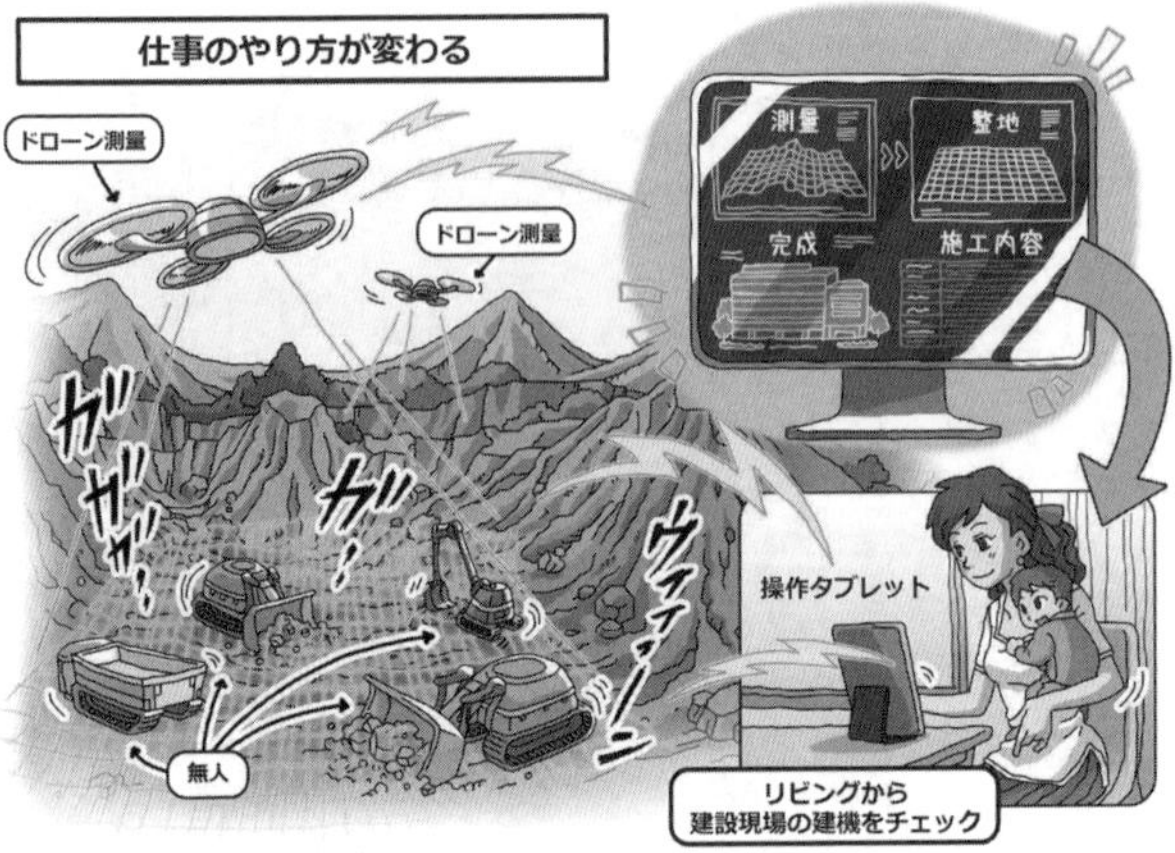

関連する主なプロジェクト：ワイヤレスIoT、ワイヤレス新市場

出典：「近未来のワイヤレスサービスの利活用イメージ」（電波政策2020懇談会）

またこうした技術は、たとえば成長戦略の大きな柱の一つである観光分野においても活用することができます。観光施策では、地域資源の魅力を磨き、国際競争力を高め、すべての旅行者がストレスなく快適に観光を満喫できる環境の整備を行うことで、マーケットのさらなる拡大を目指すことが重要です。

そのなかで、ｘＲを用いて地域の良さを世界中の人々にＰＲすることができれば、特徴ある地域の経済活性を促進することが可能となります。

さらに、観光客の受け入れ体制をしっかりと整備するために、シェアード化で宿泊施設を創出することや５Ｇクラスのストレスフリーな通信回線を整備すること、また、交通利用環境の改革やユニバーサルデザインの推進、デジタル通貨によるキャッシュレス観光の促進などインフラの大幅な

街あるきが変わる

サーバー
CLOUD
Excuse me. Where is the nearest subway station ?
日本語で聞こえる
ここから１番近い地下鉄の駅はどこですか？
この通りを真っすぐ行って 信号を左に曲がるとあります。
英語で聞こえる
Go straight and this street, and make a left turn at the signal.
ロシア語で聞こえる
Всего пять минут пешком.
歩いて５分くらいです。
спасибо.
日本語で聞こえる
ありがとう

関連する主なプロジェクト：ワイヤレスIoT、次世代ITS（超低遅延）

出典：「近未来のワイヤレスサービスの利活用イメージ」（電波政策2020懇談会）

改善を行えば、観光客がもっと快適に滞在することができます。そうすれば、満足度を向上させることに繋がり、観光産業をより成長させることが可能となります。

その他にも金融・防災・エネルギー・観光・医療・スポーツ・エンターテイメントなど例を挙げればキリがありませんが、さまざまな分野でこれらの技術は社会を必ず便利にしていきますし、時代を担うものになっていくでしょう。

また、「ものづくりＡＩ」が発展すれば、高性能な産業用ロボットが安価で手に入るようになり、仕事のやり方やサービスの提供のされ方が大きく変わります。そして３Ｄプリンタが普及すれば、ものづくりもマイクロファクトリー化していきます。

さらには、ロボットやｘＲの発展に伴い、生活環境は一変します。

少子高齢化の中でも日本の社会システムを維持しながら持続可能な社会を目指すために、テクノロジーの活用を進め、生産性の向上、仕事の効率化、自動化を行う仕組みを作り、より良い方向に時代の歩を進めていく方策が必要です。私も微力ですが、第４次産業革命の恩恵を生きとし生けるものが享受できる社会創りを目指して今後も尽力していきます。

テクノロジーの進化が人々の生活を豊かにすると信じています。

老若男女、多種多様な人が安心して生活できる

本当に幸せな世の中とはいったいどんなものでしょうか。

私は、不幸な人が一人もいない世の中のことだと思います。

そして不幸を取り除き、皆様一人ひとりが幸せになるためのサポートをすることが政治の役割だと思っています。そうした観点から介護・福祉に加え、年金・医療・子どもの貧困・ひとり親家庭などをターゲットとし、全世代の困っている〝人〟に向けた投資を充実させることで、持続可能な社会保障を堅守したいと考えています。

そのためには、まず少子高齢化問題を解決しなければ、経済的にも社会保障的にも立ち行かなくなることは、何十年も前からわかっていたわけです。にもかかわらずその対策を講じてこなかったことは、政治の結果責任と言わざるを得ません。

少子高齢化が進めば、国内マーケットのパイ、内需が小さくなっていきます。

また、労働人口が減って高齢者だけが増えていく流れの中では、国としての成長は困難となります。

そうした中でも、私達は老後の明日に希望が持てる社会を構築していかなければなりません。これからは、人生100年の時代がやってきます。私達もそれに備えたライフプランを考え、行政もそれらに対応した施策が必要となります。

また私は、自分自身が柔道整復師（接骨院の先生）という医療従事者の資格を持つ人間です。医療・介護・健康・福祉の分野の政策には、人一倍思い入れがあります。シルバー世代の方々が、いつまでも元気に活躍できる社会を構築するためには、未病を治し、健康寿命を延ばす取り組みを進めることが必要だと考えています。

もちろん、病気をしてしまったり、体が不自由になってしまったりした方には、安心して普通の生活ができるように介護、福祉を充実させなければいけませんし、誰でも適切な医療を受けられる環境を作ることが不可欠です。

そのためにも、オンライン診療・医薬品処方に対応した環境整備を行い、診療方法を多様化することが必要です。

コロナ禍の状況において、新型コロナウイルスの感染拡大を防ぐことを目的に、インターネットや電話を活用した初診患者の診療開始や処方薬の受け取りが始まりました。オンライン診療の価値は、医学的に安全性が保たれている範囲で診療方法を多様化することにあり、対面診療との適切な組み合わせが重要です。

そうした中、女性向け健康管理アプリ「ルナルナ」を運営するエムティーアイのアンケート調査によれば、産婦人科でのオンライン診療の所要時間（受診から診療完了まで）は、「30分未満」が64・0％と最も多く、「30分から1時間」の24・4％と合わせると、約9割の患者が1時間以内で受診を終えていることが証明され、利便性の向上に寄与しています。しかしながら、実施できる医療機関が限られているので、適切なサポートを行うことで利便性の高い医療を提供する体制を目指します。

また、医療の民主化を進めることが重要です。

このままでは、日本の医療は医療費が高騰し、立ち行かなくなります。医療費高騰の要因として、①不必要な医療、②非効率的な医療、③一貫性のない医療、④高コスト医療の非効率的な利用、⑤疾病予防の機会損失などが挙げられますが、出来高支払いの下では医療サービスを多く提供するほど医療機関の収入が増えるので、不必要な医療が行われやすいうえに疾病予防がおろそかになります。

包括／人頭払い制（capitation）、成果連動型報酬（Ｐ４Ｐ：pay for performance）などさまざまな制度に検討の余地があり、日本でもまず個人にプライマリ・ケア医をかかりつけ医として登録するなどの改革を進める必要があります。

「かかりつけ医登録制度」を導入し、診療の幅広さや継続性、包括性、他の医療機関や他職種との連携など、これまでとはまったく違う側面を患者の評価の対象とすることで、適切な質の競争と全体的な質の向上に繋げる医療制度改革を提唱します。

その結果として、リーズナブルで質の良い医療を人々がいつでもどこでも受けられるシステムづくりを行いたいと考えています。

また、年金制度も支え合いを持続させる改革が必要です。

解決の一案として、国民の保険料で支え合う共助型の「新たな基礎年金」と、国の資金で支えるべき人を支える公助型の「ベーシックインカム年金」を創設することは一考の価値があると思います。

人口構造を考えても、現役世代が年金受給世代を支える賦課方式には限界があります。むしろ、人口減少に左右される社会保障であることが老後不安に拍車をかけ、結果として消費を鈍化させ、経済にも悪影響をもたらしている現状があります。

こうした観点から、新たな基礎年金を65歳から74歳までの10年間満額で月額6万5000円支給し、75歳になれば保険料を払っていなくても月額8万円程度のベーシックインカム年金を平等に支給すれば、老後の生活に安心をもたらすと考えます。

また、ベーシックインカム年金を持続可能なものとするために、「年金＝自由に使える老後の収入＝余ったら個人財産（遺産）」から、「年金＝老後の安心を確保する資金＝余ったら次世代のために返還」という発想に変えた財源のリサイクルを踏まえた制度設計を行うことができれば、持続可能な年金制度の確立に繋がると考えます。

それと同時に、元気な高齢者の皆様が社会の中でずっと活躍していただける環境を整備すれば、社会は好循環します。

最近は、高齢者のマーケットに対応したシルバーベンチャーと言われるような企業も増えています。ボランティアをしてくださる方もそうですし、地域の中でさらに活躍していただけるようなサポートをしていく必要があります。そして、新しい知識や教養を身につけられる生涯学習の支援も必要です。

高齢者の皆様の一人ひとりに長生きしてよかったと感じていただける、明日に〝希望〟が持てる社会づくりを今後もしっかりと進めていきます。

子ども、孫の世代を見据えた少子化対策

私が政策の一つとして掲げているサステイナブルな社会を実現するためには、少子高齢化の抜本的な対策は必須の課題です。2015年時点で1億2700万人を数えた日本の総人口が、40年後には9000万人を下回り、100年も経たないうちに5000万人ほどに減ると予測されています。こんなに急激な人口の自然減は他に類例がありません。

現在の子ども・子育て世代への投資が少ない現状は、少子高齢化に拍車をかけています。少子化の原因の一つに、晩婚化に加えて、結婚する人が減っているという現状があります。というよりも結婚しづらい社会になっていることが大きな問題です。

価値観が多様化して、結婚しないという選択をする人が増えているということもあるとは思います。恋愛以外にも楽しいことがたくさんありますから、結婚せずに自分の人生を好きに謳歌するという生き方ももちろんあると思います。

その一方で、やはり若者達の給料がなかなか増えないことで、結婚しにくい世の中になっている現状があります。大企業に勤めている一部の人は結婚ができるくらいの収入は得ているかもしれません。しかし、日本は中小企業で働いている人が約70%と多数を占めています。

そして、その人達が、新卒で就職をして月収が手取りで10万円台前半ということもよくある現実でしょう。これでは結婚や出産は難しくなります。こうした環境下にある人々を、しっかりと支援していかなければ、あたりまえですが出生率が高くなるような状況にはなりません。

日本においても30年ほど前から少子化問題はわかっていたはずなのに、政府として少子化社会対策基本法を試行し、明確に少子化対策予算として計上したのは、2004年の1兆6386億円。15年もの間、危機意識が欠如していた証拠です。

2019年には5兆1196億円の予算が計上されていますが、これも高齢社会対策の21兆7184億円に比べるとまだまだ弱い。こうした現状を踏まえ、子ども国債を発行し、子育て・教育関連予算を10兆円規模に倍増させ、出産、育児、保育、教育にかかる基礎的な費用は無償化したいと考えています。

たとえば、フランスでは無痛分娩が主流であり、経膣分娩の80%が硬膜外麻酔（無痛分娩）です。無痛分娩が全額保険負担になったのは1994年で、その時の合計特殊出生率は1・66。

そこから出生率は回復し始め、2006年には2・00を超えました。また、3歳から就学率ほぼ100%の保育学校が完備されており、これも無償。無料で国が子どもを預かり教育する環境があります。

これによって共働きの夫婦にとっては子育てのハードルが下がり、子どもを産み育てやすくなる。このような次世代を見据えた政策を遂行し、将来への道筋を立てることは、経済成長の観点からも持続的な社会保障を維持する観点においても必要不可欠であり、そちらの方がマーケットの投資家からも長期的に信頼される国になります。

日本も持続可能な社会づくりを考えるのであれば、やはり将来への投資、子ども・若者への投資を行わなくてはなりません。

「私達が若い頃は、働きながら子育てもちゃんとやったのに」という論調もあると思います。しかしながら、2020年代に子育てをする世代と1990年代、1960年代に子育てをした世代では時代背景が違いますし、悩みも違います。家族の同居も減っていますから、子どもの面倒を見てくれる親戚や家族が近くにいない人も多くいます。

「自分たちが苦労したから後世も苦労しなさい」では、いつまで経っても世の中が良くなりません。自分たちが苦労したからこそ、後世には苦労させないように自分たちの世代で改善しようという試みが時代をより良く繋ぐと考えます。こうした観点で現状をしっかりと見据えた上で、未来に向けた政策こそが必要なのです。

そういう環境の中で、まずは国が責任を持って、すべての子ども達に対して教育を受けられる機会を創出することが必要です。

たとえば、保育園や幼稚園などの幼児教育から小学校・中学校・高等学校・国公立大学までの一貫した教育の無償化。現在においても一部の無償化が始まっていますが、目標としては、もちろん義務教育でかかる教材費や給食費なども公費で賄うことができる完全無償化を目指すことが必要です。また私学や専門学校に対する助成など、多様な教育に対する支援を実施すべきだと考えます。さらには、555万人の負担となっている奨学金の返済を完全に免除する仕組みを検討します。これらの施策は長い目で見れば、国民にとってプラスに働くと確信を持っています。

産休・育休をあたりまえに取得できる社会づくり

世界経済フォーラムが発表した男女平等の度合いを示すジェンダー・ギャップ指数における日本のランキングは153か国中121位（2020年）と極めて低い水準にあります。ジェンダー・ギャップは、日本においても年々多少なりとも改善していますが、他の諸外国のスピードと比べて遅く、順位が下がり続けているという現状があります。

OECD加盟諸国のデータをみると、おおむね女性の労働力率が高い国は出生率も高く、逆に女性の労働力率が低い国は少子化に苦しんでいます。こうしたデータから見える客観的な事実は、女性が活躍する社会が同時に希望する子どもを持つことができる社会であるということです。

これを日本で実現する鍵は、労働時間の短縮と男性の育児参加、そして社会全体で子育てを支援する環境整備であると考えます。

育児・介護休業法により、女性の育児休業取得率は、2007年以降は常に80％を超えていますが、男性の育児休業取得率は、国家公務員で12・4％、民間企業で6・16％、地方公務員で5・6％と大変低い水準に留まっています。

産前・産後休業（産休）及び育児休業制度（育休）の制度が整った国では出生率が高く、国内においても、出生率に良い影響が出ていると認められる中、日本においては出生率の低下が顕著です。

また、2019年の合計特殊出生率は1・36、出生数が90万人割れと、少子高齢化が急速に進展しており、このままでは将来世代へ過大な負担を与えることになります。

持続可能な経済成長や社会保障を守る観点からも日本社会における産休・育休の推進が必要です。

産休・育休の制度が整った国では出生率が高く、国内においても、出生率に良い影響が出て

●諸外国の合計特殊出生率の動き

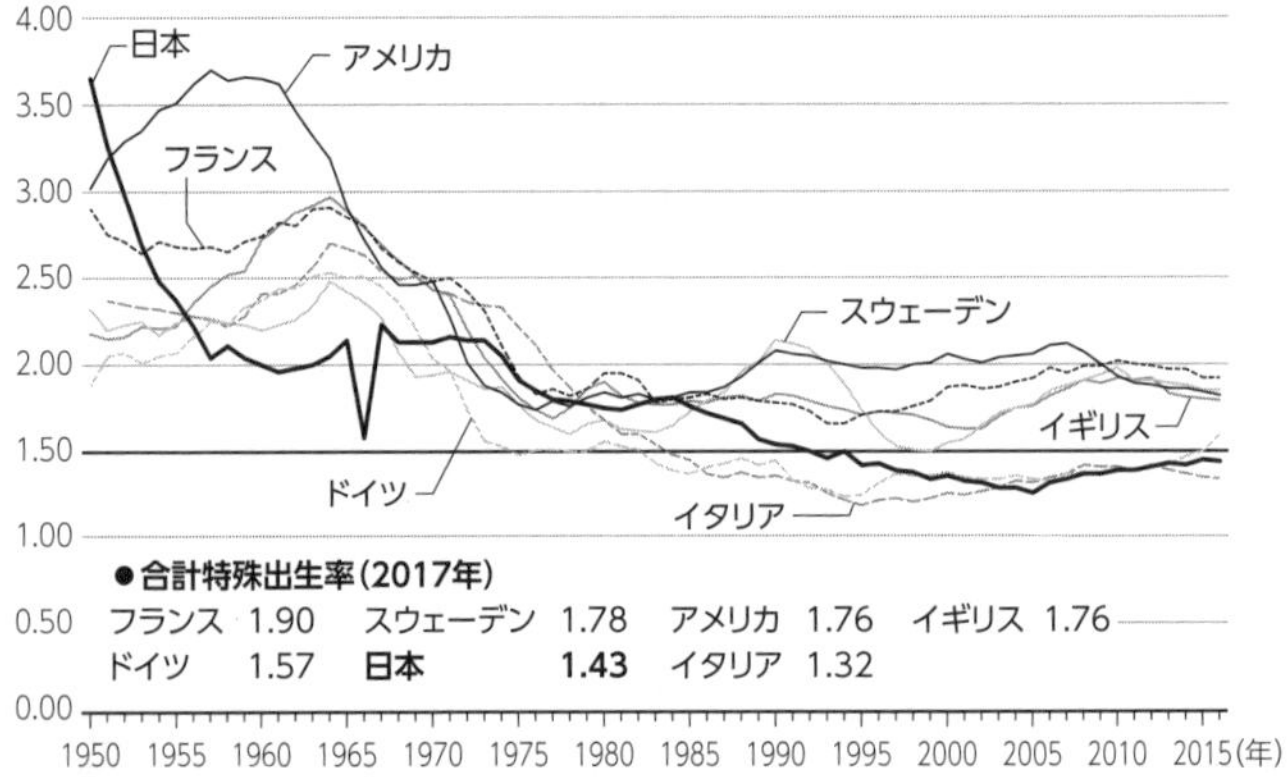

資料：諸外国の数値は1959年までUnited Nations "Demographic Yearbook"等、1960～2016年はOECD Family database、2017年は各国統計、日本の数値は厚生労働省「人口動態統計」より内閣府作成。
注：2017年のアメリカ、フランスの数値は暫定値となっている。

出典：内閣府「諸外国の合計特殊出生率の動き（欧米）」

います。また夫の休日の家事・育児時間と第2子以降の出生状況をみると、両者には正の関係性がみられます。すなわち夫の家事・育児参加時間が長い家庭ほど妻の就業継続率が高く、2人目以降の子どもを持つ確率が高いということであり、妻だけが育児を担うワンオペ育児の解消は結果として少子化対策に繋がるということです。

　男性の育休取得を進めることにより、女性の育児における負担が減り、社会における女性の活躍機会が増え、労働力不足の改善を目指すと同時に、男性も子育てや家事に積極的に取り組み、その大変さや喜びを理解することが、子どもへのプラスの影響や、ジェンダー平等社会実現の必要性の理解に繋がると考えます。

こうした観点から、働くお父さんやお母さんに向けた支援も拡充すべきです。具体的には、育休や産休を利用しやすい労働環境の整備や育児休業手当の１００％支給などを実施すべきであると考えています。また、出産一時金や育児支援の拡充など、出産・子育て費用の支援をしっかりとしていく必要があります。

また、就労の大きな障害になっている待機児童問題を解消するためにも、保育士の給与や待遇改善など、幼稚園・保育園の支援と整備につとめ、保護者のニーズに柔軟な形で対応できるシステムを構築することが必要です。

このように、私達が「社会全体で子どもを育てるのだ」というくらいの気概を持って環境を整えていかなければ、問題は解決しません。子どもを産んでも国がきちんとサポートをしてくれる。だったら結婚しても大丈夫だろう、と若者が思えるような社会にしなければ、いつまで経っても出生率は回復しません。

私は、出産・子育ての経済的な負担を軽減し、社会全体で国の宝である子どもを育てる仕組みを整備し、抜本的な少子化対策を必ずやり遂げたいと考えています。

地球温暖化と天災危機

そしてもう一つ、サステイナブルな社会を目指すために欠かせないのが、環境問題とエネルギーのあり方です。

気候変動枠組条約第25回締約国会議（COP25）でドイツのNGOジャーマン・ウォッチが発表した「世界気候リスクインデックス2020」によれば、2018年最も気候変動の影響を受けた国は日本でした。

2018年、埼玉県熊谷市で日本の観測史上最高となる摂氏41・1度を記録した猛暑をはじめ、先進国で熱波（平均気温を5度以上上回る日が5日以上続く現象）による死者が多い現状があります。また、西日本豪雨や台風など気候関連災害による日本の死者は1282人。人口10万人あたりの死者は1・01人です。購買力で見た経済的な損失は358億3934万ドル（約3兆8900億円）で、国内総生産（GDP）の0・64％に相当します。

地球温暖化と天災危機は人類の生命財産に大きな影響をもたらす問題であるからこそ、地球人が一丸となって取り組みを進めなければならない課題です。

日本はパリ協定に基づいて、世界の平均気温上昇を産業革命前に比べて2〜1・5度未満に抑え、今世紀後半までに温室効果ガスの排出を実質ゼロにすることを目指すことになります。

米誌『タイム』で2019年の「今年の人」に選ばれたスウェーデンの環境活動家、グレタ・トゥーンベリさんの「気候正義」「未来のための金曜日」と呼ばれる活動が世界中から注目されました。

「How dare you（よくもまぁあなたはそんなことが言えますね）」と繰り返し述べた気持ち溢れるスピーチは、人々の心に印象強く残りました。

地球温暖化を含めた環境問題について私達当代を生きる者の責任として、持続可能な地球を目指した対策に取り組まなければなりません。

そうした中、日本は残念ながらCOP25で、環境NGOで作る「気候行動ネットワーク」（CAN）から、地球温暖化対策に後ろ向きと認定された国に贈られる不名誉な賞「化石賞」を2度も贈られてしまいました。

これは、梶山弘志経済産業大臣が「国内も含めて石炭火力発電、化石燃料の発電所は、選択肢として残しておきたい」などと述べたことがCOP25の交渉に水を差すものとされたこと、さらに小泉進次郎環境大臣が「石炭政策については、新たな展開を生むには至らなかった」などとスピーチし、国際社会から求められている気候対策の強化、具体的には脱石炭及び温室効果ガス排出削減目標の引き上げの意思を示さなかったことに対しての授賞でした。

日本の電源構成はLNG（液化天然ガス）、石炭、石油などの火力で約80％、再生可能エネルギーが16％程度。これを2030年までに22〜24％程度にすると政府は目標を掲げています。その一方でドイツは、シュタットベルケ（エネルギーを中心とした地域公共サービスを担う公的な会社。ドイツ国内に900社以上存在し、自治体電力を支えている）などの取り組みが成功しており、すでに再生可能エネルギーの比率が40％を超えています。こうした現状を踏まえると日本の目標は低すぎるというのは世界的に指摘されても仕方がないと思います。

脱石炭は「するかしないか」という2択の時期はもはや過ぎ、それをどう段階を踏んで達成していくかというフェーズです。

石炭以外の電源となる原子力、LNG、再生可能エネルギーは、安全面や価格面から見ていずれも長所短所があります。とはいえ、LNGを含む脱化石燃料の世界的な潮流や東京電力福島第一原子力発電所の事故で再認識された原発リスクに鑑みれば、原発を2030年までに20〜22％にするという政府目標は愚の骨頂。ということは、必然的に残された道は再生可能エネルギーの追求となります。

2019年の国連の気候行動サミットでは、77か国が2050年に排出を実質ゼロにすると表明しました。

日本においても、2050年までに温室効果ガスの排出量を実質ゼロにすると表明した自治体が増えています。神奈川県や横浜市をはじめとした25の自治体が2050年二酸化炭素排出ゼロ・脱炭素社会を目指し、「自治体の野心的な行動で日本全体の脱炭素化も早めることができる」と強調しました。

温暖化対策を巡る省庁間の綱引き、調整に手間取る中、可能な自治体から脱炭素の旗幟《きし》を鮮明にすることは良い傾向だと思います。

原発ゼロ・再生可能エネルギーの推進

各種世論調査を見ても、原子力発電所をゼロにしてほしいという声は非常に大きなものになっています。

2011年の東日本大震災の発生当時、首相官邸の近くにいた者として学んだのは、原子力発電所は、現時点では人間と共存できないということです。

私自身も震災以降、気仙沼、石巻、女川、南三陸、東松島、南相馬、楢葉、双葉などを中心に30回ほど現地入りし、ボランティア活動や視察などを積み重ねてきました。

そのなかで一番印象に残っているのが、福島の原子力発電所を視察した時のことです。

福島第一原子力発電所と半径20キロ圏内の立ち入り禁止区域の状態を見た時、そこに住んでいる人達が何十年、何百年もの年月をかけて作り上げてきた文化、伝統、芸術、そして、何億円・何兆円もの資金をかけて作り上げてきた道路、ガードレール、ビル、住宅などが一瞬にして失われてしまったという現実をつきつけられました。

そこで目の当たりにした光景に、もし日本の中心部である東京にまで事故の被害が及び、首都機能が停止していたらこの国はどうなっていたんだろう……と背筋が凍るような思いをしました。

原発は東日本大震災の発生当日、２０１１年3月11日の19時にはすでにメルトダウンを起こし、その後、メルトスルー事故にまで発展したことがわかっています。

流れ出た核燃料が格納容器の外まで出ていれば、国土の３分の１が放射性物質に汚染され、東京、神奈川を含む東日本に何十年も人が住めなくなり、５０００万人の人が避難しなければならない状況が起こり得るという最悪の事態が想定されました。

もしそうなってしまったら、国会、各省庁、最高裁判所、多くの上場企業の本社が集約されている東京が機能不全に陥り、東日本の国土、領域を失うということになり、日本にとって致命傷に近いほどのダメージを負うことになっていたと思います。

そしてまた、今回はたまたま日本だけの被害で収まりましたが、もしお隣の韓国、台湾、中

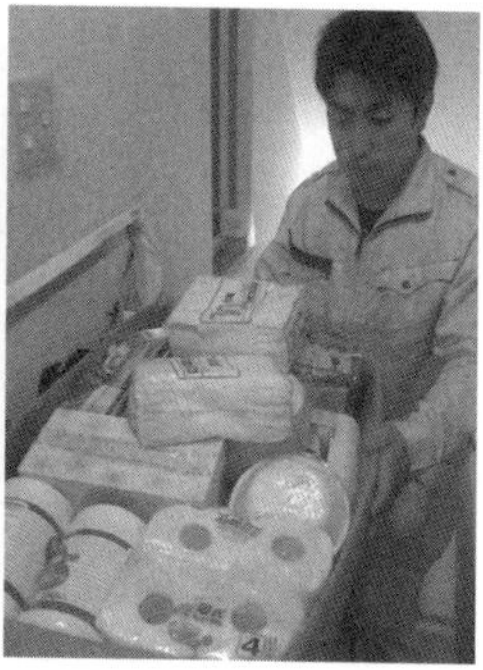

東日本大震災発生当時の支援活動

国まで脅かすような事故になったとしたら、あたりまえですがPM2・5や黄砂などの比ではなく、賠償額も天文学的な数値になっていたことが予測されます。

そうした中、仮に自分自身が時の総理だったとしても、他の誰かが総理だったとしても、あの時点、あの状況で原発をコントロールすることは、どうシミュレーションしても不可能だったと思います。

災害対策は、備えがすべて。事故を教訓に、どうすれば被害を最小限にとどめることができたのかを検証し、シビアアクシデントに対する体制を抜本的に整備する必要があります。

「社会が災害対策にどこまで投資できるかがその国の成熟度を示す」という言葉の通り、防災施策に携わる者が、社会に対する責任として、国民の生命、身体及び財産を災害から保護し、社会秩序の維持と公共福祉の確保に資する災害対策の計画を策定・実行しなければなりません。

そして、今後はやはり原子力に依存しない社会を創る必要があります。

私は、今回〝たまたま〟被害が大きく広がらなかっただけで、一歩間違えば東日本の国土がほとんど使用不能になってしまったかもしれない重大な事故であったということを痛感しています。

さらに私のエネルギーに関する見解を申し上げれば、私達の現状は「原子力発電に頼るか頼らないかの時代」ではなく、「原子力発電に頼れない時代」であるという明確な認識を持ち、その覚悟の上に再生可能エネルギーや先端技術の活用などエネルギーの新たなベストミックスモデルを構築することによる新しい時代づくりを始める勇気が試されていると思います。

具体的に言えば、〝原発ゼロ〟を目指した取り組みを進めていかなければなりません。

現在を生きる世代の損得だけで、将来世代の未来を奪うことは決して許されません。私達は、福島原発事故を教訓とし、子ども達の未来への責任を果たすべく、あらゆる知見を集めて原発に頼らない社会の構築に向けた取り組みを始めなければなりません。

こうした観点から、国策にて今まで原子力発電所に依存した形での経済・産業構造を作り、雇用を創出してきたことを踏まえて、国が責任を持って構造転換を行うことが必要です。具体的には、まずエネルギー安全保障体制の確立に向けて、安全で災害に強いエネルギー利用の諸施策を構築するのです。

福島第一原子力発電所と半径20キロ圏内の立ち入り禁止区域を視察

また、エネルギー源の多様化を図る観点から、再生可能エネルギーの普及拡大に取り組まなければなりません。

加えて、新技術の研究・開発を促進し、エネルギー源並びに調達源の多様化によるエネルギーミックスの実現を目指すことが重要です。そして国策の原子力産業で働いてきた人達や、福島原発事故周辺地域の住民にはなんの罪もありません。電力の安定供給と国民負担に最大限配慮しつつ、地域の産業と雇用を創出し、経済・労働環境の改善に万全を期した政策が求められています。

極論は、歯切れが良く聞こえて刺激的です。しかしながら、私が政治運営にとって最も重要だと考えていることは、すべての人の意見を複合的に判断できるバランス感覚です。

私は、立憲民主党のエネルギー調査会の事務局次長として、エネルギー計画についてもさまざま検討を重ねています。

再生可能エネルギーは、CO_2を出さないことや放射能も関係ないという利点もありますが、最大の利点は原材料を輸入しなくていいことです。太陽の光も風も基本的に無料で、誰かにお金を払う必要がありません。

日本は幸いにも、日照時間は長いですし、風もあります。海に囲まれていて山があるので、海から蒸発した水が山にあたり、雨も降ります。太陽、風、水が揃っている日本は、再生可能エネルギーにとても適した国です。そして日本列島にふりそそぐ太陽のエネルギーを活用すれば、必要なすべてのエネルギーは国内で自給できるという試算もあります。

世界の戦争、紛争の大半は、人口、食糧、エネルギーが問題で起こります。その点で、再生可能エネルギーの普及は、世界中から戦争や紛争の原因を取り除ける可能性もあります。地球上のどこにでも自然のエネルギー源があるので、どの国もエネルギーを自給できるようになります。エネルギー問題が解決すれば、水や食糧問題の解決にも繋がります。つまり、再生可能エネルギーの普及は、結果として国際紛争の原因をなくすこととなり、平和に繋がると確信しています。

国際エネルギー機関（ＩＥＡ）の「Monthly electricity statistics」によると、日本の２０１

再生可能エネルギー施設を視察

9年度の電力供給量は約9868億kWh。その電源構成は、再エネが18・6％（太陽光7・2％、風力0・8％、水力8・5％、バイオマス1・9％、地熱0・2％）、非再エネが81・4％（LNG34・4％、石炭31・2％、石油5・0％、原子力6・6％）となっています。

対して、ドイツの2019年度の電力供給量は約5873億kWh。その電源構成は、再エネが41・5％（太陽光8・1％、風力21・0％、水力4・4％、バイオマス8・0％、地熱0・0％）、非再エネが58・4％（LNG15・0％、石炭29・4％、石油0・8％、原子力12・1％）と、年間で再エネの比率が40％を超えています。

こうした状況に鑑みても、これから日本は、

2030年までに省エネで総発電量を20％程度削減し、7917億kWh程度まで落とすことを目指す必要があります。

その上で非再生可能エネルギーの比率を、LNG火力52・9％（4192億kWh）＋副生ガス3・4％（266億kWh）に留め、再生可能エネルギーの比率を43・7％（3459億kWh）、そのうち太陽光16・8％（1332億kWh）、風力9・1％（718億kWh）、水力11・7％（923億kWh）、バイオマス5・1％（407億kWh）、地熱などその他1％（79億kWh）まで高めることを現実的に進めるべきであると考えます。

詳細については、エネルギー調査会の事務局長を務めている山崎誠さんが研究を重ねていますが、この比率は2016～2018年の間の365日24時間、過去一番逼迫した時でも大丈夫なように設計しています。

こうしたロードマップをしっかりと進めることができれば、2050年には二酸化炭素排出ゼロの100％再生可能エネルギーを用いた脱炭素社会を実現することが可能だと考えます。産業構造の転換を踏まえた地域経済の発展と、安心できる雇用を担保するモデルの確立を着実に進めていきます。

社会的断絶を引き起こさないために

繰り返し述べてきたように私は、「すべての生きる人にとって、平和と豊かさがいつもいつまでも享受できるサステイナブルな社会」を創りたいと考えています。

しかしながら、世界的にグローバリゼーションの恩恵を受けている国と人が二極化し、矛盾に対する感情のうねりが不平不満として、ガスのように充満し始めている時代の雰囲気に少し不安を感じます。

２０１６年11月８日に行われたアメリカ大統領選挙において、ドナルド・トランプ氏が大統領に選出されました。初の女性大統領を目指したヒラリー・クリントン氏は惜敗しました。

トランプ大統領に投票した人の多くは、国のあるいは自分の〝今〟に対して非常に大きな不満とフラストレーションを持っており、現状を変えたいという想いで票を投じたのだと思います。

私個人としては、人権問題に取り組む友人であるヒューマン・ライツ・ウォッチの吉岡利代さんから教えていただいた、「お互いの違いを受け入れ、愛を持って接する」ことから始めていきたいと思いますが、トランプ大統領に対しては、すべての生きる人達の尊厳を守り、マイノリティの権利を守る多様性を重んじていただきたいと考えています。

欧米諸国における社会の断絶が止まらない現状を踏まえ、米国のトランプ現象、英国のブレグジット、フランスのイエローベスト運動など欧米の社会的断絶はなぜ起こったのか、また日本で起こさないためには何をするべきかということを考えていかなければなりません。

そのなかで、確信的に言えることは次の2つです。

1つ目は、格差が思っている以上に大きく開いているということ。

2つ目は、世界中の人々の多くが、現状の政治システムに不平不満を持ち、改革を望んでいるということ。

トランプ現象、ブレグジット、イエローベスト運動に共通して言えることは、既存の体制や制度の不備、納得できない政策などに対して、市民が潜在的に持っていた不満を爆発させたことによって発生した運動であり反既存勢力、反既得権益、反グローバリゼーション、反移民、反エスタブリッシュメントなどを旗印に巻き起こったということです。

そしてこれらの現象は、合理性と長期的な展望を持って動いているようなものではなく、とても感情的なものに感じられます。その結果として、無党派層は政治に対する不信感や無関心から投票行動を起こさなくなり、中道思想を持つ政党を支援する者が減少。保守、リベラルの争いというよりも、極右と極左によるポピュリズムの煽り合いが顕著となり、イデオロギー闘争が極端になった状態です。

キーワード的に言えば、中抜けしている時代。中間層、中間組織、中間団体、中道思想など、バランスをとっていた者が抜け落ちている時代。

こうした反エスタブリッシュメント政党の台頭は、既存の支配層が男性優位的、権威主義、年長者への服従要求、男女平等や個人の自由な選択に抑制的な運営を行ってきた結果、中間組織に加入する者が激減したことによるものであり、既存組織を運営してきた者達は大いに反省する必要があります。

ただ、反エスタブリッシュメント政党の魅力は、既存政治を批判する歯切れの良さにありますが、政権を担当した後に理想と現実のギャップを埋められず衰退する傾向があります。

「多くの人は、見たいと欲する現実しか見ていない」というカエサルの言葉がありますが、エスタブリッシュメント層も市民もお互いの環境に対する共感力や想像力が欠如した結果、社会的断絶が起こったのだと感じています。

政治をビジネスにして〝感情動員ゲーム〟化する煽動者達と社会の分断

それに加えて、情報を受発信するメディア・プラットフォームが多様化する中、煽動者によるフェイクニュースの発信が日常化されるようになり、市民には情報リテラシーが求められる世の中になりました。

インターネットは創作された情報が集約されている世界ですが、情報には必ず発信する者の意図が含まれています。

フェイクニュースと呼ばれるものには、捏造、操作、なりすまし、偽背景、誘導などのコンテンツがありますが、そのいずれも煽動、プロパガンダ、経済的または政治的な利益などを目的としたものが散見されます。

こうした環境下において、あらゆるフェイクニュースサイトは、デマ情報をファクトチェックせず、鵜呑みにしてしまう情報弱者を狙って、恣意的な情報を常時発信します。

そして残念ながら、こうした情報に免疫のない人々は、自分の専門外のバイアスのかかった数多くある情報に対して、ファクトチェックすることなく、そのまま鵜呑みにする傾向が強くなり、ポピュリズムと反知性主義が蔓延する結果となりました。

EU諸国ではこうした状況に危機感を持ち、独立したファクトチェックを行う者を支援することやメディア・情報リテラシー教育に関わる取り組みを進めるなどさまざまな対策が講じられています。

日本においても、インターネット上における虚偽の情報が問題とされた事例として、監修なしで非専門家に安価で執筆させた不正確な医療情報を大量に掲載した「キュレーションサイト」や、災害時のデマ、広告収入目的で不正確な情報をまとめる「トレンドブログ」などが大きな社会問題となり、その対策が急務です。

そうした中、世論操作を行う者は、真偽不明な見出しでの過激な投稿を行い、世論の注目を集めることで広告などの売上をアップさせたり、対峙する人・物・サービスなどのイメージを悪くすれば相対的に自分達の評価が上がると考え、意図的に悪評が目立つように攻撃するなどの情報操作を行い続けます。

こうしたマーケットに目をつけ、AIで真偽不明な情報に影響を受けやすそうな人のデータをピックアップして、相手側にネガティブな印象を与える記事を作成し、配信するビジネスが大きな市場となっている現状があります。

例を挙げれば、ケンブリッジ・アナリティカという政治コンサルティング会社が引き起こした事件は世界中で大きな問題となっています。

ケンブリッジ・アナリティカの事件では、トランプ大統領が当選した選挙やイギリスのEU離脱の是非を問う国民投票において、個人情報のビッグデータから行動が変容しそうな個人をAIで分析し、特定のものが有利になるように恣意的な情報を与え、投票行動を変化させたという疑惑が持たれており、英国とEUの個人情報保護当局が捜査を行いました。

そして残念ながら、日本においてもケンブリッジ・アナリティカ事件のような問題が発生しています。

例を挙げれば、運営者不明の第三者メディアを装ったサイトが、特定の政党や議員に対してフェイクニュースで攻撃するということがビジネスとして成り立っている現状があります。

選挙は絶対評価ではなく相対評価の戦いになります。とくに1つの選挙区ごとに1名のみを選出する選挙制度である小選挙区制や1つの選挙区から少人数を選出する中選挙区制においては、戦っている候補に不利な情報が流れれば流れるほど自陣営が有利になるという構図があります。

2019年の参議院選挙では、広島選挙区における自民党の河井案里参議院議員陣営による公職選挙法違反の罪が問われていますが、この選挙区は自民党本部が1億5000万円もの資金を提供するほど力を入れていた重点選挙区です。

この広島選挙区では「野党議員をデマ攻撃するサイト」だと報じられているサイトにて、まさに激戦区の参議院議員選挙期間中に落選運動のための有料インターネット広告を配信していたことが政治関係者の中で大きな話題となりました。

このサイトでは、立憲民主党、国民民主党、共産党、社民党などの野党の役員クラスや激戦区の議員、候補者などが狙い撃ちで批判されていますが、自民党の中でも安倍首相と総裁選で戦った石破茂議員や政権との距離が近くないであろうと推察される議員の方々も批判の対象となっています。

また、2019年の参議院選挙において、広島選挙区の森本真治参議院議員、秋田選挙区の寺田静参議院議員などを対象として、ネガティブな印象を有権者に与えるニュース記事を掲載し、Facebookの有料広告を配信していました。

この広告は選挙期間中に政党以外の者が配信しており、ハッシュタグでも「#候補者名」「#参議院選挙」と記載されていることから、明らかに選挙を意識して配信された広告ですが、これは特定の政治家を当選させるための選挙活動ではなく、落選運動であると見なされる可能性が高く、まさにこれらが抜け穴になっている現状があります。

日本の公職選挙法では、本来的に資金力のある候補者が有利にならないようにさまざまな規制をかけていますが、落選運動のための有料インターネット広告であれば、選挙期間に何億円、何十億円規模の広告費を投じて、有権者の投票行動を変容させても罪に問われない可能性が高い状況があるということです。

選挙において、与野党が拮抗する激戦区などに対して、選挙期間中に選挙区内で行動変容しそうな人のデータを抽出し、ターゲットを絞って広告を展開することがまかり通るなら、資金力で選挙を恣意的に歪めることが可能となります。こうしたデジタルゲリマンダリングの放置は民主主義の危機と言っても過言ではありません。またアメリカ大統領選挙でのロシア疑惑や、台湾総統選挙での中国介入疑惑と同様に、他国の介入を許した疑念が残れば、安全保障上も大きな問題になると考えます。

日本における国政選挙は、国民1億2600万人のルールや年間100兆円の予算配分を決める国会議員を選ぶ選挙。その公正性を恣意的に歪める行為は、民主主義を根本から覆す危険性があるとともに、国家の安全保障を揺るがす恐れがあることから、日本においても適切に対処しなければならないと考えます。

安定よりも改革が先行する動乱の時代は、現在のシステムを大きく変化させる可能性があります。

私自身も新たなフェーズに入った時代の中で、求められる政治家となれるよう、さらに研鑽を重ね、国民の代弁者としてこうした状況の改善に努めて参ります。

また、既存の政治システムに不安や不満を持つ国民の皆様にとって、より良い変革をもたらすことができる新たな選択肢として、ご信頼をいただけるように粉骨砕身頑張ります。

政界デジタル化計画　国会をアップデートせよ

英国のスタートアップApoliticalが、デジタル政府における世界で最も影響力のある100人を発表しました。アジアからは台湾の唐鳳（オードリー・タン）デジタル担当大臣などが選ばれましたが、日本人は一人も入っていません。

国連経済社会局（UN DESA）が発表した2020年の世界電子政府ランキングにおいて、日本は14位。残念ながら日本は政治分野において、世界的に見ても韓国やシンガポールと比べてデジタル後進国と評されており、デジタル変革を進めるリーダーの顔が見えないという状況です。

こうした現況を打破するためにも、IT担当大臣には79歳の大先輩ではなくデジタルに精通している人を選び、DXの先頭に立たせることが必要です。各省庁でもデジタルネイティブの人材をCDO（最高デジタル責任者）としてどんどん起用して、組織改革を進めるべきです。

そんなことを考えながら国会生活を過ごしていた中、世界中で新型コロナウイルスの感染が拡大しました。

新型コロナウイルスの大流行は、私達の生命や財産を脅かすだけでなく、実体経済のあらゆる部分に大きな影響を及ぼしました。

こうした状況を踏まえ、一日でも早くこの新型コロナウイルス感染症を収束させるとともに、感染症対策を抜本的に見直し、国民の生命及び健康を守ることは日本において最優先の課題です。

また、このような有事においては、既存の発想にとらわれず、大胆な意思決定に基づいて社会を変革し、国民の生命・財産を守ることが強く求められると考えました。

私自身は行政事業を全般的に見る内閣委員会や国会運営に携わる議院運営委員会に所属し、党内では若手中心の組織体である青年局の局長という立場と国会対策委員会の委員長補佐をしていたので、国権の最高機関である国会をはじめ、政府、行政、政治に関わる者が、新たな技術を活用し、民間の模範となるような姿を示すことが必要であると考え、政界におけるデジタル改革を進めることにしました。

そこで、立憲民主党青年局に所属する266名のメンバーから提言を作成する人材を募り、皆で意見を出し合い、作った叩き台を青年局全体で共有してさらにブラッシュアップするという工程を経て、「国会、行政、政党におけるデジタル改革に関する提言書」を取りまとめました。

国会、行政、政党におけるデジタル改革による対策は、危機管理、業務効率化、共生社会などの3つの視点から必要だと結論付けました。

最初の視点は、危機管理です。

感染症の流行により、人との接触という最も基本的な活動が大きく制限されることになりました。業務を継続するためにはテレワークなど、人と人との接触機会を軽減するとともに、密閉、密集、密接の「3つの密」を防ぐ場所にとらわれない働き方が重要です。

国民の生命・財産を扱う立法や行政の業務を止めることはできませんので、業務継続性の観点からも国会のデジタル変革が必要です。

次の視点は、業務効率化です。

実際の移動や紙を伴う業務は、時として大きな非効率を生み、国会・行政に関わる者の生産性の低下を招いています。世界的にも新型コロナウイルスの感染拡大を受けて、現金やクレジットカードなど頻繁に触れる物体を通じた感染拡大に対する懸念を踏まえ、中央銀行が発行するデジタル通貨（CBDC）に関する議論が加速しています。

最後の視点は、共生社会です。

我が国も批准している障害者権利条約において、情報通信技術を活用し、障害者に対しあらゆる社会参画の機会を保障することが謳われています。共生社会を実現するためにも、政界におけるあらゆるデジタル変革は不可欠であり、オンライン国会の実現を進めるべきであると考えました。

こうした観点から、まず国会デジタル改革とオンライン国会実現に向けた具体的な手法をまとめました。

オンライン国会とは、議員及び行政関係者の全員または一部がオンラインによって参加できる国会運営の手法です。有事には国会の業務継続性を担保するだけではなく、平時には国会への登院が困難な障害のある方々などが、国会に出席しやすい道筋が拓かれます。また、間接的には業務効率化の効果が期待できます。

オンライン国会を開催するためにまず行うべきことは、法律の解釈確定並びに規則の整備です。現在、衆議院、参議院の議会運営に関することが定められているのは国会法及び衆議院規則と参議院規則です。

これらの関係条文をオンライン国会の開催が可能となるようにするための改正案を検討しています。具体的には、本会議、委員会における遠隔での出席、趣旨説明、質疑、討論、議員の議決権確保を目的としたデジタルデバイスの活用による遠隔電子投票に関する規定の整備などが必要です。

衆議院でいえば、衆議院規則第百四十八条で議場にいない議員の表決について「表決の際議場にいない議員は、表決に加わることができない」とされているので、こちらの改正が必要です。

また、必要があれば日本国憲法第五十六条の「両議院は、各々その総議員の三分の一以上の出席がなければ、議事を開き議決することができない」に関しても、オンラインによる出席でも可能と解釈できることを明確化すべきです。

さらに、本会議、委員会において外部との必要情報の収集・共有を目的としたインターネット接続による電子メール及びSNSメッセージの送受信及び必要情報の検索などを行うためのパソコン、タブレット、スマートフォンなどの利用許可はさまざまなオペレーションを効率化します。

そしてオンライン国会を開催するためには、各議員の扱うデジタルデバイスや国会の通信環境などの総合的な環境整備が必要です。

具体的には、必要な資料を紙媒体以外の方法で共有することを目的とした、デジタルデバイス接続の画像投影機等のスクリーンの設置並びにパソコン、タブレット端末などを利用したオンライン会議システムの実現を進めるとともに、本会議場、委員会室、会議室など国会、議員

デジタル化が進む韓国国会

会館などにおける無線LAN通信の環境整備が必要です。

それに加え、オンライン国会の開催をサポートするスタッフのための環境整備も不可欠です。院における官製パソコンは重量・スピードともに非常に重く、昨今のデジタル化に耐え得る端末にはなっていないという意見が寄せられている現状に鑑み、端末の軽量化、バッテリー性能及び処理速度の向上、テレワークに対応したカメラ・マイクの設置など、スペックについて多角的な検討を図ることが必要です。

そしてオンライン国会を開催するにあたり、セキュリティ上のさまざまな課題が想定されるので、オンライン国会を前提とした高度なセキュリティ対策の検討を進める必要があります。

国会の権威と品位が大切なことは言うまでもありませんが、時代の変化に対応したアップデートが国会にも不可欠です。

こうした中、英国では７００年の歴史を持つ議会で初の試みとして、オンライン会議システムのZoomやMicrosoft Teamsを活用した審議を行っています。

情報漏洩などセキュリティ上のリスクを勘案して、日本においてもどのシステムを使うのかを議論する必要がありますが、そもそも国会の議論は国民に公開することが前提ですので、オンライン国会の内容はむしろ国民へ広くオープンに配信されるべきです。

こうした改革を隗より始めよということで、私が事務局長を務める科学技術・イノベーション議員連盟において、会長の青柳陽一郎さん、幹事長の山崎誠さんらと相談して、すべての会合をリアルオンラインハイブリッド型で開催し、全国各地の議員との情報共有を行っています。

また会派内では、代議士会をオンライン化して配信するという初の試みを行いました。引き続き、既存の技術ですぐにできるＤＸと働き方改革を前に進めて参ります。

政界デジタル化計画　行政をアップデートせよ

加えて、官僚・行政職員の〝デジタル働き方改革〟を進めることも不可欠です。コロナ禍においては、都市部への通勤など人口密集地帯に身を置くこと自体がリスクとなります。したがって、現在行われている官僚、行政職員のテレワークについても、さらに進めるよう環境整備を行う必要があります。

また、官僚の過重労働が問題視されて久しい現状があります。その原因の一つが、リアルな対面での業務が中心となる国会対応にあると言われています。官僚の労働環境の悪化は、優秀な人材の省庁離れを誘発し、我が国の政策立案機能の著しい低下を招きます。したがって、国会対応業務による事務負担を軽減することを目的に官僚の国会対応におけるオンライン化を推進することが重要です。

さらに、多くの行政事業において紙での業務管理がまだまだ主流であり、これでは記録が消失したり、改竄されるのはあたりまえです。

こうした観点から、行政事業のデジタル化を推進することで、大幅な管理コストの削減、行政文書の確実な保存に加えて、関係者の接触機会を減らすことができると考えます。

とくに、プログラムに基づいて自動的に契約を実行できる技術であるスマートコントラクトを活用した行政事業改革は、既存システムでは実現できなかった処理の自動化、業務プロセスの改善、多様なステークホルダーと連携する業務への適用などに対して大きな改善効果が得られ、対面での接触機会を大幅に減らすことができる可能性があると考えますので、政府機関並びに行政機関への導入を検討することが重要です。

また、新型コロナウイルスの大流行に伴い、個人・企業問わずさまざまな支援策が検討されていますが、自治体における膨大な事務作業やそれに伴う支援の遅れ、国民にとっての申請手続きの煩わしさが顕在化しています。こうした観点から、利用者目線に立った行政手続きのオンライン化を促進することが必要です。

国民に一律10万円を給付する緊急経済対策では、マイナンバーカードを持っていないとオンライン申請ができない仕様で事業が進められました。しかしながら、そもそも1億人以上の日本人がマイナンバーカードを持っておらず、80%程度の人が活用できない状態でした。

また、手続きをするためには、ICカードリーダーを購入するか、対応しているスマートフォン端末を持っている必要があり、ハードルは非常に高い状態です。

想像してみていただきたいのですが、すでに普及しているクレジットカードは、ネットで買い物をする際に、クレジットカード番号とパスワードを入力すれば使用することができます。

しかし、もしこれが「クレジットカードリーダー」を利用者全員が買わなければ使えないシステムだったとしたらどうでしょう。現在のようには普及していなかっただろうことは、イメージしやすいかと思います。すなわちマイナンバーカードにおける給付金のオンライン申請も、マイナンバーの手入力を認め、本人口座への振込のみを可能とした仕様でシステムを実装させていたならば、利便性とセキュリティの両立を担保した上で、多くの国民がもっと便利に申請できていたと思います。

さらに、政府が今後マイナンバーに銀行口座を紐付ける施策を目指すのであれば、国民が「この政府になら情報を提供してもいい」と判断できるような透明性の確保が必要です。たとえば、エストニアのように政府や行政の誰が自分の個人情報にアクセスしたのか、個人が把握できて、問題がある時には異議申し立てができる仕組みを導入すれば、透明性の確保に繋がります。

そして、そもそも論としてインターネット行政手続きのハードルとなっている「印鑑・印紙」「ICカードリーダー」「使いにくいマイナポータル（政府が運営するオンラインサービス）」などの仕様を抜本的に改善する必要があります。

具体的には、行政手続きにおける対面・面前原則、原本確認、書面での作成・備置・提出・交付・通知の原則、押印原則、印紙支払原則など紙ベースかつリアルでの接触機会が要求されるアナログ原則並びに法律・運用・規則・事業などを徹底的に見直すことが必要です。

それに加え、マイナポータルなどのオンライン申請は、マイナンバーカードに固執しない方が遥かに使い勝手が良く、行政手続きのオンライン化を加速させると確信しています。

マイナポータルは、現在のオンライン申請を利用しようとした人の84%が離脱してしまうような、UXを考慮していない仕組みでは誰も使わなくなります。

菅義偉官房長官や高市早苗総務大臣が、マイナンバーカードの電子申請システムを「使ったことがない」と国会の答弁で明かしましたが、自分達が使ったことのないシステムを国民に使えという方が感覚としてズレています。民間企業であれば、社長や役員が巨額の予算を投じて自分達が作ったサービスを利用したことがないなんてことはまずあり得ませんし、うまくいっていない事業の検証や改善を行わないまま新規事業を進めるなどということは論外です。1億人以上の国民がなぜマイナンバーカードを持たないのか、自分が使ってみなければその理由がわからないのは当然です。使い勝手はどうなのか、自分自身が体験し、どういうものなら国民が使いたいと思うのか、ユーザーの視点に立って考えることが組織のトップにおいては大変重要です。

さらには、それらを作るチームにも民間の専門家をどんどん起用すべきです。官僚の皆さんは、抜群に地頭の良い人ばかりですが、頭の良い素人が要件を定義して、それっぽいものを組

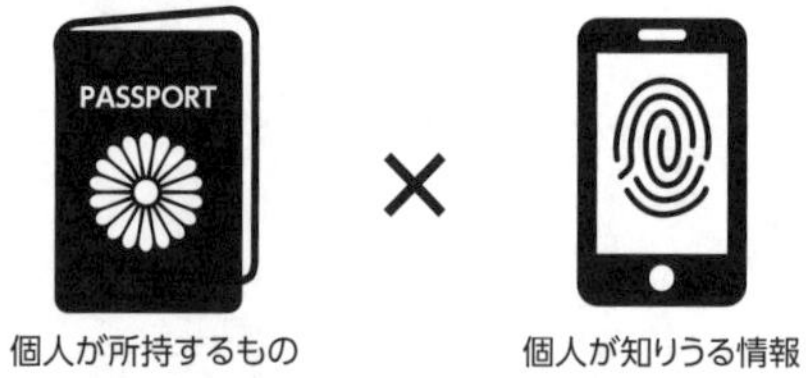
PASSPORT
個人が所持するもの
個人が知りうる情報

●本人認証が変わればこんなに便利

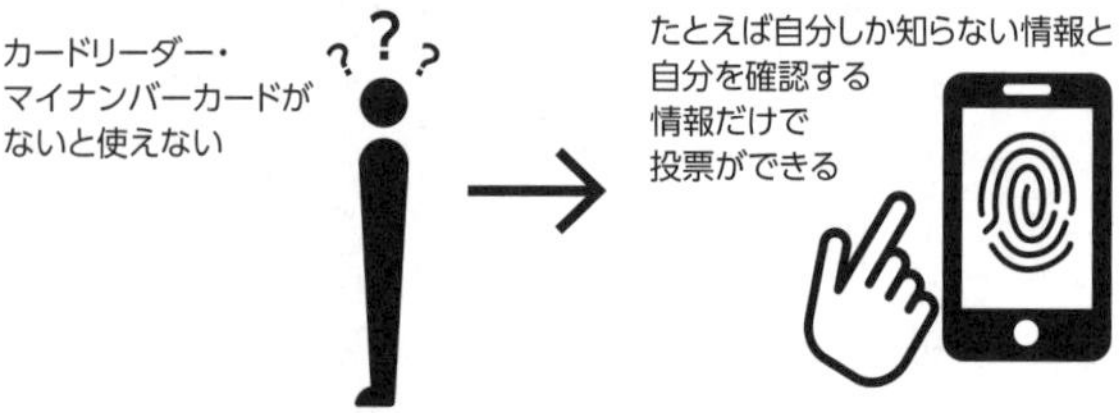
カードリーダー・
マイナンバーカードが
ないと使えない
たとえば自分しか知らない情報と
自分を確認する
情報だけで
投票ができる

み立ててもうまくいきません。昭和型の仕事のやり方から脱却を図る必要があります。

そうした中、たとえば民間では、スマートフォンの指紋認証やFace IDとインターネットバンキングなどに利用されているワンタイムパスワードなどを掛け合わせた本人確認が行われ、お金を扱うような業態であったとしてもユーザーの利便性とセキュリティの担保の両立を追求しています。行政手続きにおいてもマイナンバーカードに限らず、たとえば、「個人が所持するもの」と「個人が知りうる情報または持ちうる情報」の掛け合わせによる本人認証でもセキュリティレベルを高い水準に保ったまま、利便性も考慮した操作をすることが可能になると私は考えています。

ちなみに地方自治体では、本人認証をマイナンバーカードではなく、「eKYC」や「xID」を利用

世界ブロックチェーン政策会議でデジタル通貨やスマートコントラクトなどについて議論

する方法で、「使いにくいインターネット行政手続き」をブレイクスルーする事例が出てきました。

デジタルは「高度なもの」が使われるのではなく、「便利なもの」が使われます。行政機関における事務作業の軽減と国民にとっての利便性向上を図る観点からも、UXを考慮したデジタルファーストな行政手続きへの改善を行うことが必要不可欠です。

ポストコロナ時代を見据え、ニューノーマルに備えた時代のニーズに対応する変化が否が応でも求められる中、テクノロジーを健全に発展させて、その恩恵を公平公正に社会へ分配していくことが必要です。

こうした趣旨の内容を私達デジタルネイティブ世代から積極的に発信することが大切だ

と考え、立憲民主党青年局として提言をまとめ、党幹部に持っていくことにしました。

青年局を代表して私と道下大樹さんに加え、衆議院議員の落合貴之さん、篠原豪さん、参議院議員の塩村文夏さん、須藤元気さん、田島麻衣子さん、東京都議会議員の西沢圭太さんらとともに福山哲郎幹事長へ提案書を手交しました。

コロナ禍における新たな国家観

新型コロナウイルスの感染拡大は、世界各国にとって共通の脅威であり、人々の意識を「コロナ問題」という一点に集中させている現状があります。

コロナ禍が社会を壊したというよりも、コロナ禍によって、すでに壊れていた社会の歪みが顕在化され、さまざまな矛盾を炙り出しました。

新自由主義は非正規労働者や派遣労働者を大量に生み出し、労働力需給を調整することで、人件費・固定費を抑えてきました。その結果、格差は大きく開き、大多数の国民にとって有益に機能していない事実が如実に表れ、国民生活がどんどんと疲弊していきました。

一方で民主主義も、政治の実権が既得権益集団の権謀術数に握られつつあり、社会の変化に適切に対応できていない状況が顕著になっています。社会のセーフティーネットは、必要とする人に十分な期間、適切な安心感を与えられるように整備されておらず、グローバル化の恩恵を享受していたはずの中間層も貧困層に引きずり込まれています。生活水準も子どもの教育水準も下がり、社会全体が厳しい状況を迎えていることは各種のデータからも明らかです。

こうした危機的な状況にあるにもかかわらず、アベノマスクやＧｏ Ｔｏキャンペーンに代表されるような非科学的な意思決定を続け、国民生活の改善を図る政策を実行しない政府に対して多くの国民が怒りを持っています。

今までの政策決定は、エビデンスに基づいて客観的に最適解を分析して行った判断というよりは、ＡでもＢでもＣでも、意思決定権者が「こうだ」と言った選択肢をなんとか正解にするために、全力で組織のリソースをそれに注ぐようなことが常態化されてきました。

こうした政府の状態は大変残念ですが、嘆いていても変わりませんので、どのようにして良い変化を促すかという姿勢が極めて重要です。

私は国会議員の立場として、まずは国や自治体が自分達の保有するデータをオープンに透明化して公開し、国民が客観的に政策の妥当性を分析できるようにすることで、ＥＢＰＭ（証拠に基づく政策立案）を発展させることに尽力したいと考えています。

ちなみに台湾では、オープンガバメントを目指した政府・行政のデジタル化が進んでいる現

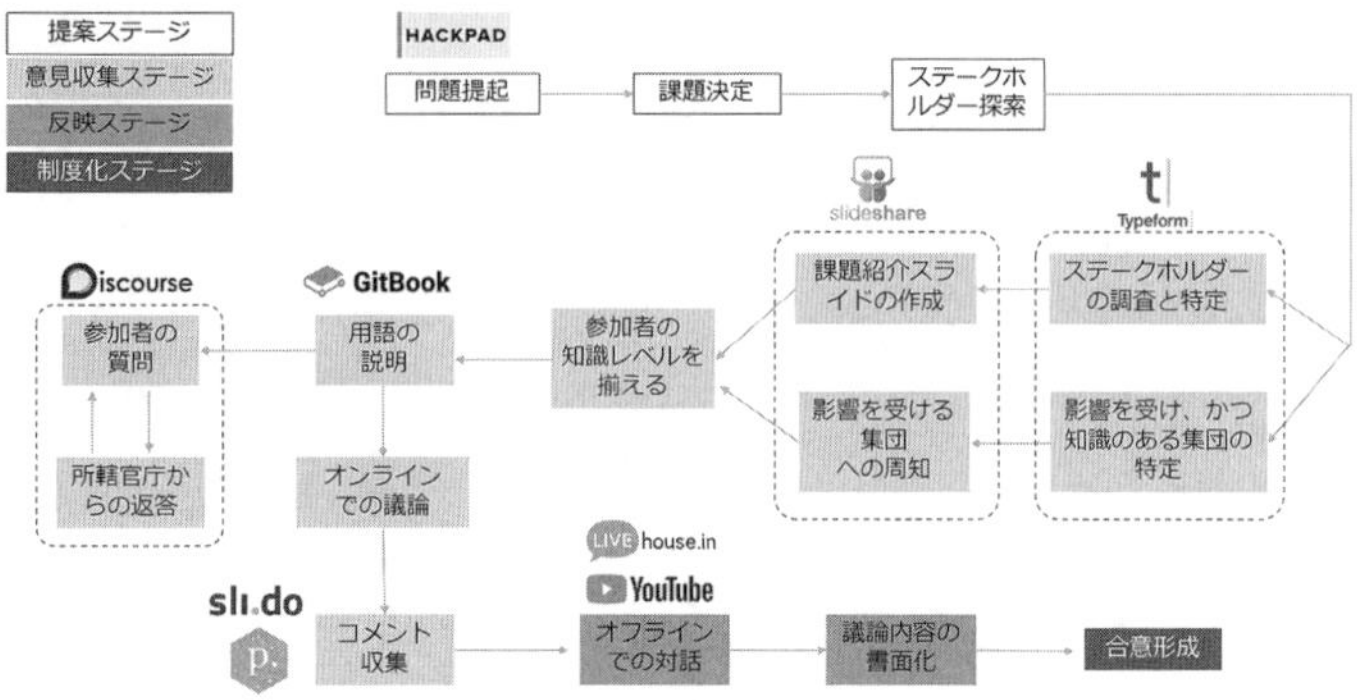

「vTaiwan TOOLS 整理図 日本語訳」（一般社団法人Pnika代表理事・隅屋輝佳氏作成）
URL：https://info.vtaiwan.tw/#

状があります。

例を挙げれば、台湾政府が「Join」というプラットフォームを採用し、政府への提案や質問に対して、5000票以上を集めると管轄省庁がアクションし、回答する義務が発生するという運営を行っています。このサイトでは、政策のモニタリングに加え、設定されたKPI（成果指標）の進捗が公開され、達成度合いが確認できます。

また、「v台湾（vTaiwan）」というプラットフォームでは、リアル・オンライン両方の場を組み合わせ、ハイブリッド型で透明性が担保された場を作り、官民協働で法規制に対する議論を行い、合意形成を目指すという、国民が立法プロセスに参加する取り組みが進んでいます。

議論の中では、提案に至ったプロセスで用いたデータやアウトプットを公開し、透明性を担保するとともに、参加を促進するためにマインドマッピングで各々の意見を可視化し、意見収集などを多様なツールで用途に応じて行うなど、お互いの現状を踏まえながら、どうすれば合意形成ができるのか、情報を公開しながら立法プロセスを進めるという画期的な取り組みを進めています。

こうした国民と政府の距離をリアルタイムで縮め、民主主義をアップデートさせるシビックテック的な発想は、国民、行政府・立法府の相互理解を深めると同時に、その集合知の活用は、国民国家に必要な政策立案に寄与すると考えますので、コロナ禍の有事などにおいてはとくに意識して発展させるべきです。

しかしながら、このようなシビックテック的な発想とは裏腹に、コロナ禍の動乱においては、独裁とリーダーシップを履き違えるような言論も散見されました。コロナ禍では、強権主義国家が優位性を示したと喧伝されましたが、強権・独裁のリスクは、深刻な人権侵害に加え、時の権力者による過誤がダイレクトに国民国家の行く末を左右することです。

そして国民が有事のみと考えていた例外的な権力強化が恒常化され、平時まで援用されたならば、健全な民主主義の概念が根底から覆ります。たとえば中国では、「天網」というＡＩを用いた数億台の監視カメラを中心とするコンピュータネットワークが構築され社会秩序を保っていますが、自由な日本で育った私には政府の強い監視下で生活をすることに強い抵抗感があります。

ドイツのメルケル首相が「自由が苦労して勝ち取った権利であるという私のようなものにとっては、制限は絶対的に必要な場合のみ正当化されるもの」と述べましたが、多様な考え方に寛容で自由な選択ができる民主主義国家にとって、基本的人権を制限、管理するという政策は非常に重い決定です。

一般的に、管理による安全と自由・幸福追求などの基本的人権はトレードオフの関係にあると言われる中で、それらを両立させ、成果を出す施策が民主主義国家のリーダーには求められています。

コロナ禍においては、政府等からの外出・移動・営業などについての自粛要請により、個人の選択に著しく制限を課すものとなりましたが、制限するのであれば、補償を徹底することが本来あるべき姿です。

また、私たちが孫子の世代、22世紀までを見据えた持続的な社会を望むのであれば、資本主義とグローバリゼーションの不完全さを理解した上で、利己的な意思決定から利他的な行動を行うことが、最善な合理的自己利益に繋がることを自覚する必要があります。

「自分ファースト」な行動は、残念ながら巡り巡って自分自身の首を絞めることとなります。

たとえばインフォデミック（真偽不明の情報が流布し、多くの人が真に受けてパニック状態となった結果、社会全体に動揺が引き起こされる現象）により、感染拡大を防止するためのマスクやアルコールが不足するという情報が流れ、必要以上に買い占めを行う人々が増えたら、必要な人に必要な物資が行き届かなくなります。

しかしながら、自らが感染の脅威にさらされないためには、周囲で誰も感染していない状態を保つことが必要ですから、他の人への感染拡大を確実に防ぎ、流行を抑えることが本来的には重要です。にもかかわらず、他人に必要な物資が行き届いていないので、感染が拡大してしまう。こうした負のスパイラルを未然に防ぐためには、利他的な行動が自己の利益を救います。

国家レベルでいえば、他国において感染が拡大していないことで経済が活性化し、自国の利益に繋がります。他人や他国、他のものを批判しても何も生まれません。自分自身はこの社会の中で何ができるのかということを考え、公共並びに連帯の重要性を認識した行動が極めて大切です。

そして政治の現場にいる者は、国民からの信頼を得られるクリーンでフェアでオープンな政治を目指さなくてはなりません。

たとえば、台湾ではデジタル担当のオードリー・タン大臣のリーダーシップにより、マスク不足の混乱を回避するための在庫マップを公開し、市民が安心してマスクを確保している現状が世界的に話題になりました。その一方で日本においては、緊急事態宣言を受けて日用品や食料品などに関して不足するとの情報が広がり、多くの国民が疑念を持つ状況となりました。これは、政府の信頼性が不足していたことに加え、旧時代的な情報発信しか行わなかったことに根本的な問題があります。

情報発信の改善策としては、サプライチェーンで企業が持つデータを標準化し、それをリアルタイムでアプリケーションへ落とし込んでいくことで、客観的に流通状況データが可視化された情報発信の仕組みを実装する必要があります。また次世代においては、こうした仕組みをスマートコントラクトを活用して進めることが非常に有用だと考えています。

ウィズコロナ・アフターコロナ時代に必要な政策

新型コロナウイルスに対する共通の脅威により、社会における不合理かつ不自由であった課題が一気に露呈し、要所要所で改革が迫られました。

たとえば、これまであまり進展していなかった格差是正やセーフティーネットの担保、医療・教育・政治・行政などのオールドタイプが闊歩する聖域へデジタル化の変革をもたらすなど、何十年経っても動かせなかった山が動かざるを得ない状況に変わりました。

これを機に、対面でないとできないとされてきた、あらゆるF2F（フェイス・ツー・フェイス）の仕組みを見直し、ＤＸを加速させることができるかどうかが未来を左右します。

オールドタイプの聖域がデジタル化を意識し始めたとはいえ、スイスの国際経営開発研究所（ＩＭＤ）が作成した「世界デジタル競争力ランキング」（２０１９年版）では対象63か国・地域中、日本は23位。１位は米国、２位はシンガポールですが、韓国（10位）、台湾（13位）、中国（22位）よりも下位と評価されています。２０２０年のコロナ禍においては、世界のデジタル化が大きく進展することが見込まれるので、デジタルの対応が遅れている日本の競争力は相対的にもっと下がる可能性が高いことが懸念されます。

しかしながら社会のデジタル化は必要不可欠なテーマですから、こうした機会を逃さずに、デジタル・ニューディール的な発想で未来志向の思い切った改革をどんどんと前に進めるべきだと考えます。

また金融分野においても世界に先駆けるチャンスなので、ＣＢＤＣ発行に関する研究検討を加速させなければなりません。

中国のデジタル人民元（ＤＣＥＰ）、スウェーデンのe-kronaや民間企業であるFacebookのLibraなどの構想が台頭したことによって、国際的にもＣＢＤＣの議論が行われるようになりました。デジタル経済時代におけるプラットフォームをＧＡＦＡ（Google, Amazon, Facebook, Apple）やＢＡＴＨ（Baidu, Alibaba, Tencent, Huawei）などに席巻され、我が国の企業が存在感を示せない中で、フィンテック時代を牽引すべく、日本銀行がElectronic円を発行して流通させることができたならば、多額のコストと手間をかけていた従来の送金や決済がより簡単かつ安価になります。

日本銀行も欧州中央銀行（ECB）など6つの中央銀行及び国際決済銀行と具体的な研究を始めるなど、世界的にCBDCに関する議論が進んでいますが、コロナ禍において現金やクレジットカードなど頻繁に触れる物体を通じた感染拡大に対する懸念が指摘されるようになり、CBDCの議論がさらに加速することになりました。

また世界中には、貧困などが原因で銀行口座を持つことができず、基本的な金融サービスを現在も受けることなく、現金だけで生活している人が約17億人います。デジタル通貨の進化は、こうした世界の人々と日本との距離を縮め、その恩恵を行き渡らせる金融包摂（Financial Inclusion）の促進にも繋がります。

その結果、消費者にも多大なメリットを与え、経済活動に大きなインパクトを与えることが期待されており、カナダ中央銀行職員が、CBDCの導入を行った場合に、現金のみの経済と比較すると消費がカナダでは0・64％、米国では1・6％それぞれ最大で上昇するという趣旨の論文を発表し、経済的利益に対する考察を行っています。

日本において、法定通貨をデジタル通貨へと段階的に切り替えることは、決済手段の利用管理に伴うコストの削減、ユーザー利便性の向上、金融政策の有効性確保、シニョリッジ減少防止にも繋がり得ると考えます。むしろ20年後から30年後の未来を考えたときに、紙幣や硬貨を使わない生活が主流になっていることを想定した上で、未来から逆算した政策を打ち出していくことが必要です。新型コロナウイルスによりさまざまな問題が浮き彫りになっている今だからこそ、大きな変革を起こせる機会だと思っていますので、ＣＢＤＣ発行に向けたさらなる研究・検討を進めて参ります。

また、デジタル化は個人の選択の自由を広げます。

テレワークが普及すれば仕事のためにわざわざ職場の圏内に住む必要はなくなり、自分の生活スタイルに最も適した場所に住むことができるようになります。

つまり仕事の選択と居住地の選択を分けることが可能となり、感染リスクのある満員電車の混雑や、コロナ禍の有事に子どもを預かってくれる人がおらず仕事をやめなければならないといった、常態化されていた社会問題のストレスから解放されることになります。それはすなわち、各々の生産性向上に寄与するのみならず、物理的な距離に捉われない働き方は、全国各地にリアル・オンライン双方のハイブリッド型で人材の流動化が進み、東京一極集中が緩和され、地方創生を後押しします。

また、オンライン教育立国を目指すことは、親・子ども・先生に対する幅広い選択肢の提供に繋がります。

これまでの日本社会は、学級や部局など集団化された組織の中で、学びや営みを行う仕組みを規律として強いてきました。その一方、オンライン教育は、固定化した人間関係からも逃れやすく、これまで不登校だった子どもたちにも教育の機会を広げます。

さらに、テレワークやオンライン教育は、通勤・通学の労がなくなり、障害のある人が就労や学業に携わりやすい環境を整えることになります。

今般の臨時休校の際、日本の公立学校では、同時双方向型のオンライン指導を通じた家庭学習が15%しかできていなかったことを踏まえ、コロナ禍におけるニューノーマルな教育環境を整えることが必要です。デジタルの力を活用して、安定して学びを止めることなく、学習者一人ひとりの能力や習熟度に合わせて学習教材や学習方法を選択するアダプティブラーニング（学びの個別最適化）を前進させることが学力の向上に繋がります。オンライン教育を進めるためには、地域間格差・学校間格差を是正し、教育機会の均等に焦点を当てた手厚いサポートとインフラを整えることが必要です。誰もが通信できる環境を整備し、デジタルデバイドを起こさない施策を前に進めることが必要です。

その一方で医療、福祉、公共インフラ、行政、保安、一次産業、製造業、運輸物流、流通、保育などの職種に携わるエッセンシャル・ワーカーは、緊急事態宣言を受けても感染リスクに晒されながら前線で働き続けなければならない環境がありました。この度のコロナ禍では「ラスト1マイル」「ラスト1メートル」の仕事はデジタルの実用化がまだ難しいことが明確になりました。このような仕事は、社会を好循環させるために非常に大切な業務であるにもかかわらず、報酬が低いまま放置されてきた職種も散見されます。こうした観点から、額に汗して働くすべての人にディーセント・ワーク（働きがいのある人間らしい仕事）が実現されることを目指すべく、持続可能な生活に必要な社会的支援と収入が保障され、健康的に働くことのできる安全で衛生的な環境が確保されるといった、働く人の権利保護が適切に行われる労働環境を整備することが必要です。

また、新型コロナウイルスの感染拡大とコロナ対策による経済へのブレーキが凄まじい破壊力となって世界経済に深刻なダメージを与えています。

ブレーキの解除に最も必要なものは治療薬とワクチンです。世界各国が協力し、科学的知見に基づいた連携を始め、治療薬とワクチンの開発を行うと同時に持続的な手法での生産体制を早期に整備し、必要とするすべての人に行き渡らせる施策が不可欠です。そして、ブレーキを踏んだことによる穴を埋めるためには、アクセルに相当する財政出動が必要となりますので、未来を見据えた投資を積極的に提言して参ります。

ポストコロナ時代に必要な価値の再設計と社会像

私の母校であるデジタルハリウッド大学大学院のキーフレーズに、

「みんなを生きるな。自分を生きよう。」

「その○○は世界を幸せにしているだろうか。」

という言葉があります。

こうした多様かつオンリーワンな感性と世の中に役立つ自身の行動という実感を言語化して与えてくれた母校には今でも心から感謝していますが、ポストコロナの時代には、こうした人間の根本部分を熟慮し、21世紀の人々の暮らしの実態を俯瞰的に捉え、バランス良く社会が好循環する仕組みを考える必要があります。

私たちはなぜ生きるのか。

各々は何を至上として生きていくのか。

その生き方は社会の何かに役立っているのではないか。

幸せは、各々の環境下における個人の価値観と尺度で決める。

コロナ禍で死生観を深く見つめ直す機会にある中、価値の再設計と多様性の共有が社会像として重要な鍵になると考えます。すなわち目標とする尺度を再考し、みんなが理解できるようにわかりやすく、ビジョナリーに明確化することができれば、その生き方は世の中にわかりやすい価値となります。

これは友人でイェール大学の助教授を務めている成田悠輔さんに教えていただいた概念ですが、GDP（国内総生産）でアイデンティティを保ってきた国々が人口オーナス期を迎え、成熟国家としての道筋を歩む際には、一体どのようなアイデンティティを見出すのか。そしてそのアイデンティティは世界に対してどのような価値や幸福を提供しているのかといったことをステートメントできる新たな尺度が必要だということです。

GDPは経済的価値を測る尺度として利用され、絶対的価値のように語られてきましたが、社会・文化・環境的価値も踏まえた生活の質を測る、より優れた算出基準が考案できれば、それは国民国家にとって幸福をもたらす指標になると考えます。

そして経済的な価値を測る尺度であるGDPにも、

・モノや場所、スキルや時間などを共有する「シェアリングが生み出した価値」
・リユース（再使用）などの「中古が生み出した価値」
・日常生活において発生する「家事労働や自給自足分の価値」

などの有形な経済的価値と、

・無償のデジタルサービスが生み出す価値を換算してGDPに加えるGDP－B（Beyond & Benefit）

などの無形な経済的価値をどこまで含めるのかといった検討が必要となります。

また国民の幸福度における概念としてSubjective Happiness（主観的幸福度）やLife satisfaction（生活満足度）を加え、その両方を充足した概念であるWell-being（幸福度）を想定し、究極的にはその幸福度を的確に把握するための指標化を目指すことが必要となります。

そのための第一歩として、以下のような福祉概念の指標が古くから存在します。

・GNP（国民総生産）から軍備など福祉に貢献しない要素を控除し、福祉に不可欠な余暇・家事労働などを貨幣換算して加算したNNW（国民福祉指標）

・GNPから経済的な通勤など福祉に貢献しない要素を控除し、レジャーや非市場的な活動（家事等）などを貨幣換算して加算したMEW（経済福祉指標）

・GDPのようにすべての支出を合計するのではなく、環境悪化のコストや自然資本の減価などを控除したISEW（持続可能経済福祉指標）

・GDPに対し、所得分配などを調整し、家事や介護、ボランティアなどの価値を加算し、環境破壊や犯罪などに関するコストを減算することにより算出できる、国民生活の真の豊かさの指標を表すGPI（真の進歩指標）

また社会・文化・環境的な価値を測る尺度として、

・経済活動の規模を、その国の土地面積に換算し、その土地面積を人口で割り、人間一人が持続可能な生活を送るのに必要な生産可能な土地面積を算出することによって、人間が自然環境にどれだけ依存しているかがわかる指標であるエコロジカル・フットプリント

・環境衛生（Environmental Health）と生態系持続力（Ecosystem Vitality）の観点から分類された課題分野について、定められた指標を用いて評価し、環境問題への取り組み具合を数値化したＥＰＩ（環境パフォーマンス指数）

といった有形な社会・文化・環境的価値に加えて、教育の質や多様性（デジタル関連の教育）、情報コミュニケーションの成熟性、情報プライバシーへの配慮、情報の正確性（量、質、偏り）などの無形な社会・文化・環境的価値が世の中を構成する要素として不可欠なものとなります。

さらに経済的価値と社会・文化・環境的な価値を跨ぐ尺度として、

・保健（平均余命）、教育や所得という人間開発の側面から、対象国の平均達成度を測る指標であるＨＤＩ（人間開発指数）

・ＯＥＣＤ加盟国間の比較が可能で、より良い暮らしに欠かせない「物質的生活環境」「生活の質」及び「持続可能性」に関する11の構成要素と22の指標をもとに算出できるＢＬＩ（よ

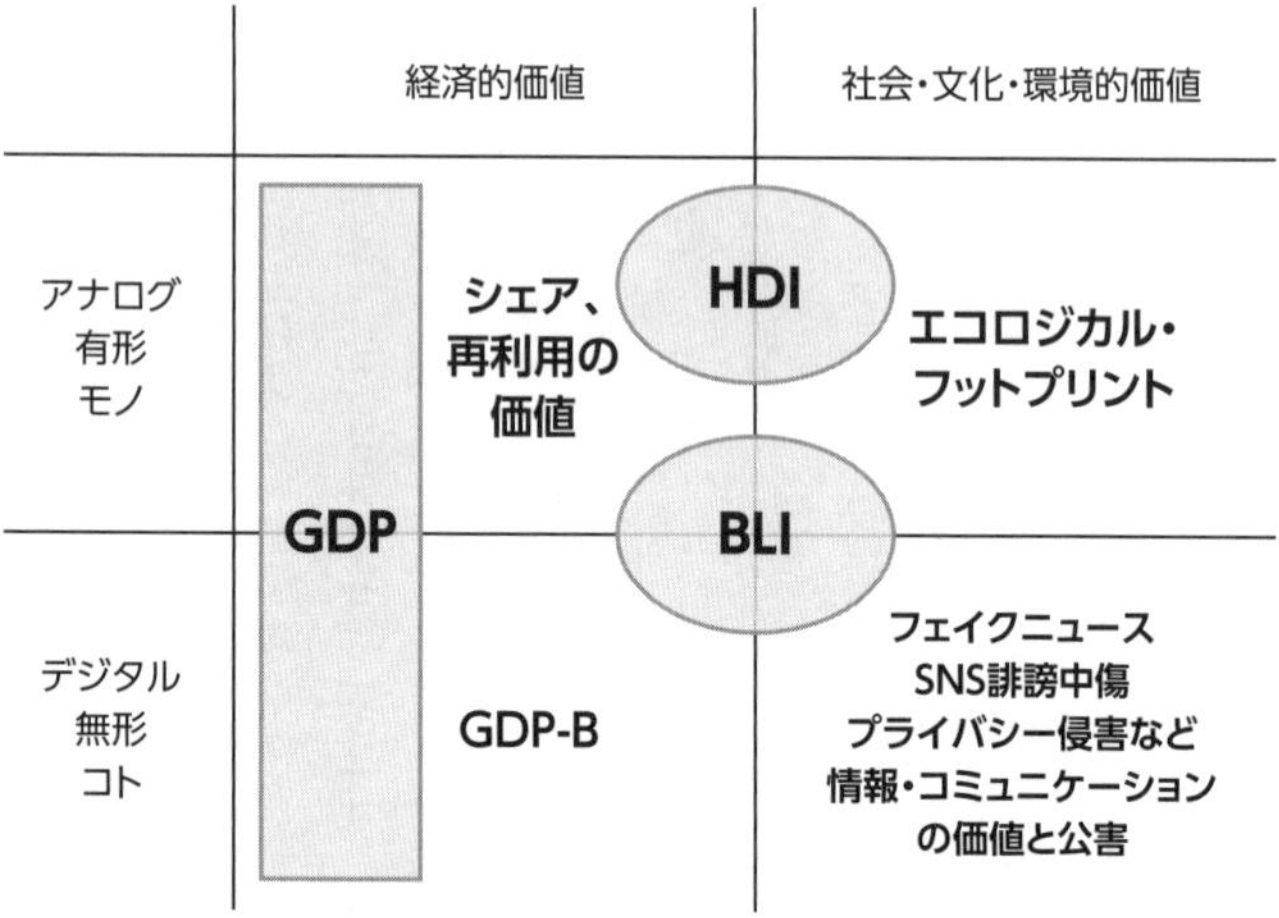

「新たな価値に関する整理図」（イェール大学・成田悠輔助教授作成）

り良い暮らし指標）が挙げられると思います。

これらの指標を再考することで、世界はどこに注意を向けているのか、そして何が欠けているのか。それらの指針を決める地図として活用することができます。

ちなみに英国では、デジタル化を目標として設定する際に国民の利益を可視化しており、アナログ事業をデジタル化した場合の利益としなかった場合の損失を官民が連携して具体的な数字として示しています。

また、持続可能な社会を実現する動きとしては、SDGsとESG投資が世界的な潮流となっています。

持続可能な開発目標として掲げられるSDGsは、Sustainable Development Goals の略称で、

貧困、飢餓、保健、教育、ジェンダー、水・衛生、エネルギー、成長・雇用、イノベーション、不平等、まちづくり、生産・消費、気候変動、海洋資源、陸上資源、平和、パートナーシップに関する17の大きな目標と、それらを達成するための具体的な１６９のターゲットで構成されています。

また、ＥＳＧ投資は、環境（Environment）・社会（Social）・ガバナンス（Governance）要素に配慮した責任ある投資のことを指しますが、従来の財務情報だけではなく、持続可能な社会づくりという観点で言えば、このような尺度に基づく投資が経済成長にとって不可欠な要素となります。

こうした「有形・無形」「アナログ・デジタル」「モノ・コト」の「経済的価値」と「社会・

文化・環境的価値」を包括する概念を創造し、従来から必要であったにもかかわらず、それを付加価値として評価されにくかった多様な価値を再設計することで、ポストコロナの時代のビジョンを明確に示して参ります。

立憲民主党青年局長として

各政党には、青年を対象とした組織があります。

立憲民主党は設立されて約3年が経過し、2020年6月25日現在、864名の議員が立憲民主党に集い、志を同じくして活動をしています。

立憲民主党青年局はそのなかの「おおむね45歳以下の議員・候補者等」が対象となり、党全体の約30%を占める266名が所属しています。

私は、その立憲民主党青年局における初めての局長となりました。私や道下大樹さんなどが「立憲民主党は若者対策に力を入れるべきだ」という論調で、両院総会などで発言をしていたところ、2018年10月の人事で福山幹事長から電話があり、「青年局長をお任せしますので、よろしくお願いします」とご指名をいただき、就任したという経緯です。

後に枝野幸男代表に「なぜ私をご指名いただいたのですか？」と尋ねたところ、「やる気のある人がやった方がいい」とのことだったので、成果を出せるように頑張ろうと純粋に思いました。

民主党時代に津村啓介青年委員長の下で副委員長を務めた経験を活かし、まず組織化を始めました。役員としては、筆頭局長代行を衆議院議員同期の道下大樹さん、事務局長を東京都議会議員の西澤圭太さんにお願いしました。お二方とも民主党青年局時代からの盟友であり、組織の要となる役職を引き受けていただきました。

また青年局長代行を尾辻かな子さん、松平浩一さん、石川大我さん、田島麻衣子さん、須藤元気さん、塩村文夏さんにお願いし、青年局長代理を神奈川県議会議員の栄居学さんと宮城県議会議員の境恒春さんに務めていただきました。

ちなみに、自民党の青年局は総理の登竜門とも言われ、竹下登氏、宇野宗佑氏、海部俊樹氏、安倍晋三氏、麻生太郎氏の5名が青年局長を経験し、総理大臣となりました。

立憲民主党の青年局はそうした歴史ある組織ではありませんが、若い世代を中心に党を活性化し、政権交代を目指すということだけではなく、ボトムアップでみんなの声を政界に届ける民主的な政治を体現したいと考えました。

現在青年局では「企画部」「学生部」「総務部」の3部門と、北海道から九州・沖縄まで全国

青年局のイベントでの集合写真

11ブロックをメインとした活動を行っています。

企画部では、塩村文夏さんに部長を務めていただき、「政治にはあまり興味・関心がなかったけど、これから触れてみたい」という若者に向けて、政治家とざっくばらんにコミュニケーションしてもらう「オイシイ!? おしゃべり会議」というイベントや、若者が先生になって、今時の若者達を取り巻く環境について政治家に授業を行う「逆転!? おしゃべり教室」を開催しました。

政治家が講師としてお話しする会議ではなく、たとえば「ブラック校則」や「子どもの貧困問題」などについて、現状を一番知っている当事者の若い皆さんから教えていただくことは政治家にとっても非常に意義のある機会です。

さらに政治に対する関心が高い若者には「一緒に政策をつくろうよ」と呼びかけ、高校生を中心とした10代の若者による「わかもの政策会議」を行い、さまざまな政策をまとめていただき、2019年の参院選公約にも反映されました。

今後も企画部では、このようなイベントを通じて若者と政治家が相互に深くコミュニケーションを行う機会を創出し、若者の皆さんと共創できる企画を進めていきたいと考えています。

学生部では、府中市議会議員の須山卓知さんに部長を務めていただき、若い世代が立憲民主党の存在をきっかけに、政治を客観的にそして楽しくおもしろく学んでいただける場を作りたいと考え、企画部が開催したイベントへの参加者や、各議員事務所でのインターン生、政治に興味を持った若者を中心に立憲民主党の学生部となる「立憲ユース」を立ち上げました。

私自身も政治家のインターンや政党学生部に所属していましたが、そこで培った経験や人脈が衆議院議員としての活動に今でも活かされています。

「立憲ユース」では、政治家へのインタビューや、イベントの企画、少人数で学ぶ課外活動などを行っており、今後も学生が中心となって企画運営できる場を提供していきたいと思います。

そして総務部では、栄居学さんに部長を務めていただき、渉外活動として日本弁護士政治連盟企画委員会と子どもの権利を巡るディスカッションを行ったり、党勢拡大を目的に全国の選挙応援などを行いました。また青年局を強化するべく、道下さんや西澤さんとも連携していただき、「第一回青年局全国大会」を開催。全国から約200人の青年局所属議員等が集結し、さまざまな講義を受け、議論を交わしました。

その他にも企画部や学生部の活動や若者に伝えたいメッセージをきちんと届けられるよう、わかりやすい広報と若者の皆さんの意見をしっかりと傾聴する仕組みを整備し、政党と若者のコミュニケーションがより円滑化するような取り組みを前に進めていきたいと考えています。

また、こうした青年局の取り組みに深いご理解をいただき、お力添えを賜りました立憲民主党事務局長の秋元雅人さんと、縁の下で献身的に支えていただいた担当職員の田草川航さん、鈴木麻美さんには心からの感謝、御礼を申し上げます。

野党は〝賛成ばかり〟して対案を出し続けている

2019年9月30日、立憲民主党、国民民主党、社会民主党、衆院会派「社会保障を立て直す国民会議」「無所属フォーラム」が連携し、衆議院において「立憲民主・国民・社保・無所属フォーラム（通称：立国社）」という共同会派が誕生しました。

人数は120人となり、2009年の政権交代直前の旧民主党勢力112人を上回る規模となりました。

また、参議院においても「立憲・国民.新緑風会・社民」という会派が立ち上がり、人数は61人。衆参総勢181人での出発となりました。

国会運営の切り盛りをする共同会派の国会対策委員長には安住淳さんが起用されました。安住さんは、2019年9月19日に立憲民主党へ入党しましたが、立憲民主党及び共同会派の国会対策委員長に経験が豊富な安住さんを起用することで、120人の衆議院議員と60人の参議院議員をまとめ、国会での論戦で政府・与党に対し、攻勢を強めたい狙いがあったと言われています。

安住さんは与野党の中枢とも太いパイプがあり、深いコミュニケーションも取れる人物。クレバーで人柄の良い国民民主党の国会対策委員長である原口一博さんとの相性もよく、共同会派の国会対策委員会は経験値の高い先輩たちを中心とした重厚な布陣となりました。

当然ですが、180人の百戦錬磨の国会議員をまとめるのはとても大変なことです。

そんな時、議院運営委員会の筆頭理事と国会対策委員会の筆頭副委員長を務められていた手塚仁雄さんから「今期は一馬くんに議院運営委員会の委員と国会対策委員会の委員長補佐を任せるから」とご指名をいただきました。私達若手にとっては、いつも政局の中心にいた経験豊富で伝説的な安住さんがどんな会派運営をするのか、間近で学ばせていただきたいと考えていましたので、ありがたい機会でした。

安住さんのことは、私が2017年に初当選した直後、民主党青年委員会時代からお世話になっていた国民民主党の大西健介さんに紹介していただきました。

大西さんと私の政策秘書を務めてくれていた渋谷区議会議員の小田浩美さんが馬淵澄夫事務所の秘書出身で、3人で食事をしていた時に、「安住さんに挨拶したことないなら、来週昼食を食べるから一緒に行きますか?」と声をかけていただいたのがきっかけでした。

安住さんについては、さまざまな先輩達から話をうかがっていましたが、共通して誰もが畏怖の念を抱いていました。

代名詞としてのあだ名は「閣下」(偉そう。カッカして怒っているなどを表す言葉)。

私が本当におっかない人だなと思っている先輩が「安住さんはおっかない人だよ」と評したり、策士だなと思っている先輩が「安住ちゃんは策士だよ」と評するなど、私にとっては未知の存在です。

錚々たる超一流の先輩方が一目も二目も置く安住さんとは、いったいどんな人なんだろうと興味を持っていました。

そして初めて安住さんにお会いした時、初っ端から大西さんが「そんなんじゃいつまでも野党が塊にならねぇぞ。玉木にも言っとけ!」と厳しく指導されている姿を目の当たりにして、やっぱりおっかない人なんだなと思って見ていたら、「中谷くん、困ったことがあったらいつでも力になるから言ってきなさいよ」と優しくお声がけをいただくなど、感情表現が豊かな方なんだなとその時には思いました。

そして国会議員として初めて同じ政党に所属し、安住淳さんに仕えることになるのですが、私が見た安住さんは、融通無碍で千里眼のような人。脅しもするし賺《すか》しもする。飴も出すし鞭も打つ。相手の弱いところや、されて嫌なこともよく見えているし、攻撃の手も素早い。物事を進めるのも早いし、軌道修正も早い。そしてすべての事象において相手がどう出るのか、見て判断した上で次の手を打つ。

予算委員会などの場では、安住さんに近い先輩方が前線で起用されるようになり、野党として政権与党を徹底的に追及する動きが増えました。

切り取られた情報ばかりを見ている人の中には、「野党は反対ばかりしている」と誤解をする人も出るほどです。

その一方で、第201回国会が2020年1月20日～6月17日に開催され、衆参合わせて103本の法案が審議されましたが、立憲会派は法案の93本（90・29％）に賛成。反対した法案は10本（9・71％）と、1割にも満たないヘルシーすぎる権力闘争でした。ちなみに日本維新の会に至っては103本の法案に100％賛成しています。

データを見てファクトチェックをしている人からすれば、「野党は賛成ばかりしている」というのが客観的な事実なのです。

このように、表層的には激しく戦いつつも内々では合意形成を怠らないといった、長年の経験から培われた政局の動かし方や国会戦術を見て、学ぶことが多くありました。

そんな安住さんのマネジメントは、年功序列のトップダウン型。高校時代は応援団、早稲田大学時代は雄弁会に所属されていたことが影響しているのかもしれませんが、自由な気質だった立憲民主党が良くも悪くも組織化され、一つの答えに突き進む運営となりました。

敵を欺くにはまずは味方からということもあるのでしょうが、なぜこの意思決定になったのか情報が入らずわからなかったり、トップダウン型での運営になったことにより不平不満が噴出し、会派の仲間達にもモチベーションを下げる人が多く出てきました。代表的な例で言えば、山尾志桜里さんの離党や衆議院本会議の採決において反対や棄権をする人達が出てきたのは、トップダウン型運営の影響だと思います。

「120人の会派をまとめるには、安住くらい剛腕で引っ張らないとダメなんだ」とかばう方がいる一方、「こんな運営じゃ、まとまるものもまとまらないよ」と厳しく指摘する方もいて、その手腕は賛否両論。

私的にはやり方はともかくとして、それで国民の皆様から支持していただける結果が出ているのならそれが正解だし、出ていないのなら失敗ではないかとシンプルに考えていました。

共同会派「立憲民主・国民・社保・無所属フォーラム」と政党合流

さはさりながら、国会戦術で協調し、安倍政権に対して挑んでいく野党としての構えができたことで、国会でも対立軸が明確となり、安定感のある議論に繋がりました。立国社会派の仲間達が一致結束して活動を積み重ねたことにより、全体として一体感が出て、おおむね雰囲気もよかったので、私自身はとても好意的に感じていました。

そうした中、第200回国会の会期末となった2019年12月、立憲民主党代表の枝野幸男さんが、国民民主党、社会民主党など共同会派の仲間達に政権交代可能な政党を作るために合流しようと呼びかけました。

立憲民主党内には、「立憲民主党らしく活動できなくなるのではないか」「選挙戦が厳しくなる可能性がある」などの懸念が少数にはあったものの、「政権交代を目指すには大きな塊となることが必要」「代表が決めた方針ならばそれに従おう」とポジティブな意見が多数を占めていました。

私自身も、良い形で合流できるならそれが一番だと考えていました。

そして、国民民主党や無所属の若手中堅衆議院議員も賛成派が多い状況でした。

その一方で、2019年の統一地方選挙、参議院議員選挙を振り返ると、立憲民主党と国民民主党は競っていたこともあり、とくに選挙区がバッティングしていた議員を中心に遺恨が強く残っている状況でした。

国民民主党内では、立憲民主党が呼びかけた吸収合併的な合流ではなく、「党名、政策、人事、組織について対等な立場で協議を行いたい」と「対等合併」を目指す考えを国民民主党の玉木雄一郎代表が表明し、衆参一体の対応や、参院間の信頼醸成を合流協議の基本方針とする考えを示されていました。

しかしながら相対的に支持率の高い立憲民主党執行部内では、骨格を変えることへの抵抗感が強くあったと感じています。

野党第一党の党首である枝野さんが打ち出した構想ですし、当初は賛同する議員の方が多いように感じていたので、勝算もあってうまくいくんだろうと思っていましたが、次第に進めたい方向性が平行線であることが浮き彫りになってきました。国民民主党の潜在的に賛成派の若手達も「この状態じゃ賛成表明できないよ」といった状態。

野党内で一番支持率の高い立憲民主党の支持率が、2019年参議院議員選挙前後で10％前後。立憲民主・国民・社保・無所属フォーラムで会派を組んだ後は、5％から7％前後で支持率が推移しています。

安倍政権があれだけ問題を起こし、内閣の不支持率が50％を超える状況があるにもかかわらず、支持率だけを見ると自民党は30％前後を推移しており、立憲民主党をはじめとした野党各党が政権批判の受け皿になれていないことが明白な状況です。すなわち自民党・公明党が支える安倍政権もダメだけど、野党に任せられるかというとそれも微妙だと思われている状態です。衆議院議員の多くが「この状況を打破しなければならない」と考えている中での協議でしたが、結果として、２０２０年1月21日に合流協議は一度打ち切られ、継続して協議を行うこととなりました。

その後、公に動きがあったのは第２０１回国会終了後の２０２０年7月15日。

立憲民主党・福山哲郎幹事長名で、立憲民主党と国民民主党はそれぞれ解散し、新設合併方式で新党を結成することを申し入れました。党名は「立憲民主党」とし、略称は国民民主党の通称である「民主党」を採用したいという意向を示しました。

これに対して、国民民主党の平野博文幹事長から回答があり、両党解散による新党設立、選挙による新党代表の選出、両党協議による綱領作成に賛同。その上で、新しい政党がスタートするにあたり、より幅広い結集を図ることになると考え、党名について民主的な手続きをもって選定することの検討を要請され、幹事長間で合意しました。

党名に関しては双方で思い入れがあり、大変難しい問題ですが、多くの国民が求めているのは、現政権に変わる大きな受け皿となる野党ができるかどうか。私としては、違いを探すのではなく、どうすれば一致点を見出せるのかを模索し、結束して新たな選択肢を示すことが何より重要だと考えていました。だからこそ、大同団結できるように末端からしっかりと汗をかこうと考え、合流を目指して行動しました。

現政権を超える新たな選択肢となる政党への変革

「1年生は雑巾がけ。若い奴はとにかく下積み」

永田町だけではなく、年功序列の強い昭和型の組織ではあたりまえのことかもしれません。目上の人に叱られた時には、理不尽でも、矛盾していても、納得いかなくても、ちゃんと頭を下げていればみんなに迷惑をかけずに済むので、普通に考えて穏便に済ますのが正解とする人もいるかもしれません。

でも私は、立国社で活動を共にする会派の仲間達と政権交代を本気で実現したいと考えているからこそ、新しい風を吹かせ、より良く変えていかなければならないと強く思っています。一言で言うなら、私達の組織は「ベンチャー」でなきゃいけないと考えています。

いまの政治に不満を持っているすべての人の受け皿になれるような、新しい取り組みを常に前に進めるコミュニティを目指すべきであるからこそ、昭和のやり方だけを踏襲する組織運営ではダメだと思いました。

平時なら、秩序を守るために、ある程度年功序列で組織運営をするという社会の知恵は理解できますが、現在のような有事の時代における転換期には、やはり適材適所の人員配置を行わなければならないと考えます。

たとえば、日本においてITがまったく得意でなさそうな方々がしばしばIT担当大臣に就任する例が見受けられますが、本来的にIT担当大臣は、政治経験が浅くともテクノロジーに精通しているデジタルネイティブな人材を適材適所で起用するべきポジションだと考えます。

世界を見渡せば、フランスのエマニュエル・マクロンが首相になったのは39歳。ニュージーランドのジャシンダ・アーダーンが首相になったのは37歳。フィンランドのサンナ・マリーンが首相になったのは34歳。オーストリアのセバスティアン・クルツが首相になったのは31歳。イタリアで五つ星運動を率いるルイジ・ディマイオは31歳で副首相となり、マレーシアで青少年・スポーツ大臣になったサイド・サディクは25歳での就任でした。

また日本においても、歴史を振り返れば、いつの時代も若い力が国家の改革を牽引しました。

幕末の英雄である高杉晋作が奇兵隊を創設したのが24歳、坂本龍馬が薩長同盟の成立に奔走したのは30歳。明治の開化期を迎えた日本においては、伊藤博文が44歳で初代内閣総理大臣に就任。日本の騎兵隊の礎を築いた秋山好古はわずか28歳でフランスに渡り、弟の秋山真之は37歳で日本海軍のロシア・バルチック艦隊の撃破に貢献しました。

若ければいいというものではありませんが、年数が長ければいいというものでもありません。年功序列でも世代交代でもない、温故知新の全員参加型で提案と共創を進める組織に成長できなければ、今の野党が政権を担える政党として国民から認知していただけないと考えます。

トップダウンで一つの正解を押しつけるのではなく、多様性を重んじ、ボトムアップで声を拾い、市民目線で政策を実現できる政党だと国民から信頼してもらうためには、中堅・若手をバンバン起用して、新しいことを積極的かつ柔軟に取り入れ、物事をどんどん前に進め、壁にぶつかったら、先輩が寛容に対処する。こんな懐の深い組織でなければ持続的に成長することが見込めません。

私は共同会派の仲間達とともに政権交代を実現したいと心から願っています。

現政権では不祥事が続き、残念ながら恣意的かつ非常にグダグダな政権運営が行われている現状があります。しかしながら、あれだけ問題が連発している政権であるにもかかわらず、野党がその受け皿であると国民から見なされていないという現状を私達はしっかりと見つめ直さなければならないと考えています。

『朝まで生テレビ！』にて政界のニューリーダー達と議論

そして、その原因は私達若手にもあると思っています。

政界の常識は、年功序列型の期数年齢主義。政治家も官僚も個人個人は極めて優秀な人物が多くいますが、組織になると思考が止まり、時として馬鹿になることがあります。

「郷に入っては郷に従え」という言葉を体言するように、その環境での習慣ややり方に従うことが巧みな知恵であるということも一つの事実ですから、それ自体を否定するものではありません。

しかしながら、こうした常識に対して、私達はあまりにも良い子に順応しすぎたのではないか。それが結果としてこの体たらくな政治を生み出してしまったのではないかと考えるようになりました。長いものに巻かれたり、立ち回りがうまく小器用に生き残っていく政治家は出世をするかもしれないけれど、政治に携わる者の本質として、世の中を変える新しい〝セイジカ〟にならなければ存在する意味がない。だとしたら、私達若手が元気を出すことが野党を活性化するのではないか。それが与野党の拮抗する政治を生み、国民にとってバランスが取れた最良の政治を行うことができるのではないかと考えました。

経験は大事、でも新しい力も大事。おっさん至上主義の年功序列政治から、世代交代を超えた世代創造を図り、温故知新で政界が運営されることが好ましい。

強大な権力を持つ者に直諫し、耳の痛い話をすることはリスクが大きい。それでも大義のために、やらねばならぬ時がある。私心を捨てて、世のため人のためになる政治を行わなければならない。

昨今の政治情勢を踏まえて、そんな義俠心が日々奮い立って参りました。

政治は本来、社会的少数者・弱者のためにあるべき

政治は放っておけば必ず、権力により近い一部の人にとって都合の良い方向へ進んでしまいます。そして歴史上、権力は絶対に腐敗します。その国民生活に大きな影響を与える立場にある権力者が、生活者の声を聞くことなく、算盤だけを弾いて、実態を踏まえない机上の空論で

政策を作れば、苦しむのは国民です。

しかし現状の政権運営では、一部の既得権益団体や圧力団体の声がより優先的に政治や行政に反映されがちです。それは少数派でありながら、政治や行政へのアプローチを強か《したた》に巧みに彼らが進めている結果です。

ただ私は、そうした方々よりも、普通に生活を送る一般市民や政治がなんだかおかしいと思っているけど、声の上げ方がわからないサイレント・マジョリティ、全世代の本当に困っているマイノリティやハンディキャッパーの当事者、あるいは機会に恵まれない若者達なども含め、広く多様な価値観を持つ国民の皆様からの意見に、耳を傾ける必要性があると強く感じています。

また議会は本来的には社会の縮図としてあるべきであり、さまざまな悩みを抱える当事者の代表が代弁者として声を上げることが、政府、行政のルールや制度、予算配分を変えることに直結します。

その一方で気をつけなくてはならないのは、多様性のあり方です。多様性は、それぞれのマイノリティ至上主義ではありませんから、多様な価値観をともに尊重し、理解しあえる、ダイバーシティの形成を各自が意識することも極めて重要です。

以前、政府が強行採決した年金カット法により、年金を減らされて生活に困っていたおばあさんから声をかけていただき、「年金を減らされたら、生活していくのが本当に大変。生活保護の人達は真面目に年金を納めていた自分達よりお金をもらっているなんてズルい」という趣旨の話をうかがいました。私は直感的に、「この状態は悪循環だ。マズイな」と思いました。

本来であれば、年金を減らすという予算の分配を決定した政府に怒りの矛先が向いて、「状況を改善したいと思えば、年金をカットするのはおかしい」と声を上げるのが筋だと思います。しかしながら、この事例のように、同様に生活をすることが困難な方々と比較して、「隣の芝生は青い」という議論をしていては根本的な解決が図られず、現状は何も変わりません。

THE BLUE HEARTSの楽曲の歌詞に、弱い者達がさらに弱い者をたたくという趣旨の言葉が出てきますが、まさにこうした状況が起こり得る危険性があることを肌で感じる中、一人ひとりが政治に目を向けることの重要性を伝えていく必要を感じました。

民主主義国家では、民度以上の政治家は生まれません。政治家に不満があるとしたら、その政治家を選んでいるのは私達。政治に不満があるとしたら、その状態を作っているのは私達が選んだ政治家。政治を変えるには、私達国民一人ひとりが政治と向き合うことがやはり必要だと思います。

皆さんの中には、「政治は何を言っても変わらない」と思っている方がいるように感じます。私もそうした若者の一人でした。しかし私が政界に入って実感したのは、何を言っても変わらないのではなく、何も言わないから変わらないという現実でした。

そして、私達は、政治に「無関心」でいることはできても、「無関係」でいることはできない。我々の誰もが、この事実から逃れることはできません。

年金や給料の額、医療・福祉の体制、保育園の数、学校給食の有無、満員電車の緩和、交番の設置場所、教育のカリキュラムや学費、婚姻制度のあり方、地元にカジノを誘致するのかなど、日々の生活を送る上で、ほぼすべての事象に関して政治は密接に絡み合います。

だからこそ、おかしいと思うことがあれば「おかしい」と声を上げ、その事象を正す行動を起こすことが各々の環境下で必要となります。

世の中をより良くするためには、私達一人ひとりが社会の〝一隅を照らす〟ことが大切です。国民一人ひとりが自分の見える範囲の社会の問題点に対して、できる限りの改善を行う。仮に、この世に生きるすべての人が、それぞれのフィールドに応じた社会の問題点を真剣に考え、それを解決するためのアプローチができる社会が形成されれば、皆が理想とする世の中を実現することが可能となります。

「現状に届するのか、未来を拓くのか。すべては、私達一人ひとりの行動が未来を決める」

私も、国民の皆様の想いを政界に届ける新しい時代の〝セイジカ〟として、期待に添えるようにしっかりと働いて参ります。

おわりに　社会の一隅を照らす政治

死んだらどうなる。世の中に永遠に繁栄したものは一つもない。無に還るのかもしれない。

どうせなくなるのなら人の役に立つ人生を歩みたい。ならば政治家だ。

そんな死生観を初心として、私は政治家を志しました。

では何をするのか。どのようにして人の役に立つのか。どんな国を作るのか。

幼少期、貧しさと暴力が身近にある境遇で育ちました。

どうすれば、貧乏から抜け出せるのか。どうすれば、暴力をなくすことができるのか。誰よりも考えて生きてきました。

だからこそ、豊かさと平和の尊さは、誰よりも身に染みて感じています。

そんな世の中の矛盾の中で生きてきた自分だからこそ、できる政治があると思っています。

生まれ育った境遇で、その後の人生が決まってしまうような現状を打破するためにも、すべての人に等しく機会とチャンスを提供できる政策を必ず実行します。そして私は、その先に「すべての生きる人が豊かさと平和を享受できるサステイナブルな世の中」を創りたいと考えています。

貧困と暴力を根絶するためには、何をすべきなのか。

この理想を追求するためには、何をすればよいのか。

世の中をより良くするためには、一人ひとりが社会の〝一隅を照らす〟ことが大切です。

国民一人ひとりが社会の問題点に対して、自分の見える範囲のことをできる限り改善する。

仮に、この世に生きるすべての人が、ステージに応じた社会の問題点を真剣に考え、それを解決するためにアプローチできる社会を創ることができれば、理想の世の中は必ず実現できると確信しています。

そのなかで私は、自分自身の体験から得た、どんな人でも「やればなんでもできる」「努力し続ければ、夢は叶えられる」という想いを自らが体現し、社会で実証したいと考えています。

現状に屈するか、未来を拓くか。すべては、私達自身の行動が未来を決めます。

私が掲げる理想の世の中を創るには、20年、30年、もしくは100年かかるかもしれません。

それでも、この理想を諦めずに改革を進めることが、人類の希望に繋がると信じて走りたい。

私は、決して理想の社会づくりを諦めません。

だからこそ、想いに共感してくれる人は、手を貸してください。

この国、そして国民の未来のために。

皆様にも、大事な誰かのために、一人ひとりの未来をより良くするために、行動を起こしてほしいのです。

「諦めずにやり続ければ、夢は必ず実現できる」

この信念をモットーに、私は地域から日本を変え、日本から世界を変え、世界から未来を変えていく。少なくとも、私達若者世代が社会のトップに立つ時には、他のどの世代がトップに立っていた時よりも〝理想〟に一番近い時代を実現したいと考えています。

今までどの世代も成しえなかった〝すべての生きる人が幸せでいられる〟夢物語のような世界を私達みんなの力で創っていくことが、私の〝セイジカ〟としての野望であり目標です。途方もない目標ですが、誰かがその一歩を踏み出すことで道が切り拓けると信じています。

だからこそ、私は唱え続けます。

「すべての生きる人にとって、平和と豊かさがいつもいつまでも享受できる持続可能な社会」が必要だと。

人々の平和で豊かな生活を守るために、人生を懸けた大きな目標である「世界平和」の実現に向けて、これからも私は闘い続けます。

中谷一馬

中谷一馬

なかたにかずま／Kazuma Nakatani

1983年生まれ。B型。貧しい母子家庭で育ったことから経済的な自立に焦り、日吉中学卒業後、社会に出る。だがうまく行かず、同じような想いを持った仲間たちとグループを形成し、その代表格となる。しかし「何か違う」と思い直し、横浜平沼高校に入学。その後も社会人として働きながら、呉竹鍼灸柔整専門学校にて柔道整復師の資格を取得し、慶應義塾大学に進学。デジタルハリウッド大学大学院にてMVPを受賞し首席で修了、DCM(デジタルコンテンツマネジメント)修士号の学位を取得。その傍ら、東証一部に上場したIT企業gumiの創業に役員として参画。こうした過程において社会を変革する必要性を感じ、人の役に立つ人生を歩みたいと政界進出を決意。その後、のちに第94代内閣総理大臣となる菅直人氏の秘書を務め、27歳で神奈川県議会における県政史上最年少議員として当選。在職中に世界経済フォーラム(通称:ダボス会議)のGlobal Shapersに地方議員として史上初選出され、33歳以下の日本代表メンバーとして活動。第7回マニフェスト大賞にて最優秀政策提言賞を受賞。現在は立憲民主党衆議院議員(神奈川7区／横浜市港北区・都筑区)、立憲民主党青年局長(初代)として活動中。趣味はラーメンの食べ歩き。

■政策

ページ数の関係上、本書では各分野の詳細な政策を記載することができませんでしたので、ご興味をお持ちの方は、下記URLの政策集にアクセスいただけましたら幸いです。

https://kazumanakatani.com/vision

■アクセス

中谷一馬は、身近でいつでも気軽にコンタクトがとれる政治家を目指しています。
応援したいという気持ちで連絡くださる方、SNSでの交流も大歓迎です。
何かお役に立てることがあればいつでもご連絡ください。

https://kazumanakatani.com/

Email: info@kazumanakatani.com

■SNS

Twitter: @kazuma_nakatani
Facebook: NakataniKazuma
Instagram: kazuma_nakatani
NewsPicks: 中谷一馬（ID: 1196052903）

■オンラインサロン「衆議院議員 中谷一馬 デジタル政治ラボ」

日本は、デジタルでまだまだ良くなります。
多様な経験をしてきた中谷一馬だからこそ提供できるコミュニティだと自負しています。皆様ふるってご参加いただけましたら幸いです。

https://lounge.dmm.com/detail/2601/

政治活動を応援してください

①寄付のお願い

政治活動を支えていただくため、皆様に寄付のお願いをしています。

中谷一馬はお金のかからない政治を目指していますが、事務所代、印刷費、広報費、人件費等に資金が必要となります。物を売るのとは違い、形がないものにお金を出していただくのは大変恐縮ですが、私の信念と熱意を買ってください。皆様のご理解とご協力を賜りますよう、心からお願い申し上げます。

> 振込口座1
> ゆうちょ銀行　028（ゼロニハチ）支店　普通 01992141
> 中谷一馬を応援する会
> 振込口座2
> 三井住友銀行　日吉支店　普通0144594
> 中谷一馬を応援する会

インターネットからの寄付も受け付けています。

詳しくは、ウェブサイトにアクセスをお願いします。

https://kazumanakatani.com/supporter/s04

②ボランティアスタッフ・インターン生の募集

街頭活動でのビラ配布やポスター掲示、ポスティングなど政治活動をお手伝いしてくれる方を募集しています。1時間でも構いません。お手伝いをいただける方は下記ウェブサイトからお申込みをお願いします。
https://kazumanakatani.com/supporter/s01
https://kazumanakatani.com/supporter/s02

③中谷一馬を応援する会への参加のお願い

中谷一馬を応援しようと共感してくださった方は、ぜひ、応援する会に入会してください。難しいことはとくにありません。お気持ちが何よりありがたいです。ご興味を持ってくださった方は、下記ウェブサイトからお申込み、問い合わせいただけます。ぜひご連絡ください。
https://kazumanakatani.com/supporter/s03

著作編集協力
風間 良　栄居 学　菅原暉人
奈良甲介　仁戸田元氣　部谷翔大

セイジカ新世代
母子家庭・貧困育ちの元不良少年が
国会議員になって新しい政界を創る話

2020年9月10日　第1刷発行

著　者　中谷一馬
発行人　見城 徹
編集人　福島広司
編集者　小林駿介

GENTOSHA

発行所　株式会社 幻冬舎
〒151-0051　東京都渋谷区千駄ヶ谷4-9-7
電話　03(5411)6211(編集)
03(5411)6222(営業)
振替　00120-8-767643
印刷・製本所　図書印刷株式会社

検印廃止

Printed in Japan
ISBN978-4-344-03667-3　C0095
幻冬舎ホームページアドレス　https://www.gentosha.co.jp/

この本に関するご意見・ご感想をメールでお寄せいただく場合は、
comment@gentosha.co.jpまで。